CERTIFIED ADMINISTRATIVE PROCEDURES LEGAL SPECIALIST

 実務直結シリーズ・プレBook

第4版

行政書士合格者のための
開業準備
実 践 講 座

この本で開業前にプロになる。

行政書士
竹内 豊 著

税務経理協会

第４版刊行にあたって

　本書は、行政書士を志す方々に版を重ねて読み継がれています。その理由を私なりに考えてみたのですが「当たり前のことを当たり前に書いてある」からだと思います。そこで、本書に書かれている「当たり前なこと」を冒頭でご紹介します。

「開業の成否は準備で決まる」

　自分が思い描く姿、すなわち「成功」を手にするには、当然ですが周到な準備が必要です。では、「準備をすれば必ず成功するのか」と聞かれれば「そのようなことはありません」と答えるしかないのですが、「準備なしには成功はない」ということは断言できます。それに、ある程度の準備をしてから開業をすれば成功の確率を高めることはできるし、思うような成果が得られなくても結果を検証することで、早めにリ・スタートすることができます。

「成功の法則はないが失敗の法則」はある

　「こうすれば行政書士の開業に成功する」と断言したり匂わせたりして、あたかも「成功の法則」があるかのような錯覚に陥る本やセミナーが多々見受けられますが、そういったことは当然ながらこの世に存在しません。ただし、「こうすれば失敗する」という「失敗の法則」は存在します。本書には、筆者自身と行政書士が実際に陥った「失敗」を念頭に書かれています。

　成功するには「失敗しないこと」が必要条件になります。本書を活用すれば「失敗」を回避できるはずです。

「仕事」とは「趣味」でないもの

　仕事は趣味でないもの。つまり、仕事は自分以外のだれかのために行うことであって、趣味は自分のために行うものです。仕事には相手がいて趣味には相

手がいない。そして、仕事は相手にとっての価値（顧客価値）を提供することで成立するということです。しかし、いざ行政書士を開業しようとなると「年収○千万円達成！」「必ず成功する！」といったような自己中心的な考えを前面に押し出す方が多いように見受けられます。それでは、成功どころか顧客価値を実現することができなくて相手からクレームを付けられて失敗する可能性が高くなってしまいます。

　この本は徹頭徹尾、行政書士を開業した後に読者の面前に現れる相手（相談者・依頼者）を強く意識して書かれています。開業前に相手を知ることで効果的な開業準備ができるはずです。

　以上の３つが本書に通底している「当たり前なこと」です。本書を改訂するにあたり、以上ご紹介した「当たり前なこと」を軸として継承しつつ、より読者にとって有益な内容になるように全面的に見直しました。一方、「角を矯めて牛を殺す」という諺があるように、些細なことまで直そうとして、かえって全体をだめにしてしまうことにならないように注意しました。また、私が20余年間の開業歴を通して、開業前の方にどうしても知っておいて欲しいことについては確信犯的にしつこく書きました。「同じようなことが書いてある」と感じる箇所があると思いますが、寛容な気持ちで最後までお付き合いいただければ幸いです。

　行政書士を開業するとなれば人生のステージのターニングポイントの一つになります。本書がきっかけで「開業してよかった」、また反対に「開業しなくてよかった」と思っていただければこの本の意義があります。加えて、行政書士を活用して「好き」なことを「仕事」にできるきっかけになれば、著者としてこれに勝る喜びはありません。

　最後になりましたが、４版まで版を重ねることができたのは、読者の皆さま、私が主宰している「行政書士合格者のためのマンツーマン実務家養成講座」に

参加いただいた全国の受講者、そして、今まで以上に辛抱強くお付き合いいただいた税務経理協会編集部の小林規明氏のおかげです。心から感謝の意を表したいと思います。ありがとうございました。

2024年1月

行政書士　竹内　豊

追伸、これも当たり前のことですが、「行政書士とは何なのか」といった行政書士の本質を知っておくことが効果的な開業準備を可能にします。行政書士の本質については拙著『そうだったのか！　行政書士』に詳述しました。よろしければお手に取ってみてください。

第3版刊行にあたって

第3版の主な改訂のポイントは以下のとおりである。

1．疑問と不安の「生の声」に答えた

筆者は，2016年4月から開業を目指す者を対象に「行政書士合格者のための開業準備実践ゼミ」を主宰している。ゼミでは，参加者からの開業に関する質問や不安に筆者が経験知を基に回答または助言している。

そして今回，ゼミで受け答えした「生の声」を，「準備」「不安」「働き方」「取扱業務」「事務所」「集客」「面談」「受任」そして「番外編」の以上9つのカテゴリーに分類して，「そこが聞きたい！Q&A 30〜失敗を回避する30問・30答」として反映した。読者が抱えている疑問の回答や不安を解消するヒントをつかむのに，この「Q&A 30」は役立つはずである。

2．開業を目指す者の「意見」を織り交ぜた

ゼミでは，筆者と参加者のみならず，参加者の間でも活発に意見が交わされている。その中には，読者にとっても有益なものが数々ある。そこで，このような意見を本書の随所に織り交ぜた。

3．「読みやすい」「わかりやすい」そして「使いやすい」を追求した

読者にとってより「読みやすい」「わかりやすい」そして「使いやすい」本にするために，以下の3点を中心に全面を見直した。

(1)　最新の資料を掲載した

掲載している資料を最新のものに差し替えた。

(2)　直近の処分事例を加えた

成功するには失敗しないこと。そして，失敗を回避するには失敗を知り，失

敗から学ぶことが有効である。そこで，直近の処分事例を調査して，読者が開業をするにあたって知っておくべき懲戒事例を20事例厳選し新たに加えた。

(3) 法改正に準拠した

2018年7月6日，民法及び家事事件手続法の一部を改正する法律（平成30年法律第72号）が成立した（同年7月13日公布）。それを受けて，本書に掲載されている遺言・相続に関する資料を改正法に準拠する内容にした。

以上が改訂の主なポイントであるが，本書の「開業で失敗しないための準備を提供する」という目的は，本改訂においても本書を通底している。

版を重ねる度に行う修正，加筆，割愛にお付き合いいただいた税務経理協会編集部の小林規明氏に感謝の意を表したい。

なお，2020年5月に『行政書士のための「高い受任率」と「満足行く報酬」を実現する心得と技』を上梓した。開業後に直面する集客，面談，報酬請求そして業務遂行の参考になると思う。本書と合わせてお読みいただけば幸いである。

2020年8月

行政書士　竹内豊

第2版刊行にあたって

　本書は2016年5月の発刊以来，幸いにして多くの読者を得て今日に至っている。この度，「より使いやすく」「よりわかりやすく」「より実践的に」をテーマに第2版を刊行することとなった。

　本書は，開業で成功するのは失敗しないこと，そして，失敗しないためには「準備が大切」という，当たり前のことを基盤に書かれている。

　しかし，多くの人が準備不足で開業し，集客しても受任できない→（自分の実力に背を向けて）「やっぱりマーケティングだね」と問題をすり替えてさらに集客に走る→当然，集客しても受任できない…といった「負のスパイラル」に陥っている。いったんこの渦に巻き込まれてしまうと脱出は容易ではない。

　負のスパイラルに陥りやすい考え方は次の3つである。

・特定分野にこだわらずに業務を行いたい

　「行政書士はマルチプレイヤー」「ますます広がる業務分野」といったような資格予備校の宣伝文句を真に受け過ぎてはいけない。

　確かに行政書士の業務範囲は広い。しかし，「資格が業務としてできること」と「自分が仕事としてできること」は全く別物である。「何でもできるは何にもできない」は世の常である。

・専門分野を決めかねている（開業してから決める）

　ほとんどの依頼者はまずは自分で解決しようと試み，インターネットや本で情報収集する。中には，官公署に問合せたり専門家の無料相談に参加したりする人もいる。その時点で相談者は「セミプロ化」しているが，それでも解決できないから，時間とお金をかけて専門家を訪ねるのである。

　セミプロ化した相談者に，面談（ファーストコンタクトの場）で「さすが専門

家」と唸らせるパフォーマンスが発揮できなければ受任は厳しい。

　なお，専門分野は「好き」を基準で決めること。「好きこそものの上手なれ」といった諺があるように，好きだから熱中して深く学ぶ→専門度が高まる→相談者を魅了するパフォーマンスが展開できる，というつながりが生まれる。これにより「満足行く報酬」で受任できるのである。

　「儲かりそうだから」「需要がありそうだから」といった外的要因主導で専門分野を決めてしまうと，「専門家」レベルに到達することは困難である。

・まずは集客！　仕事は取ればなんとかなる！

　「切実な悩みを速やかに解決したい」と願って訪ねてくる相談者を「実験台」のように捉えてはいけない。行政書士には，「国民の利便に資する」という国家資格者としての責務がある。もちろん集客は大切。しかし，「集客ファースト」の考え方ではセミプロ化した相談者から信頼されて受任を得るのは困難である。

　本書では「負のスパイラル」を回避するための準備に加えて，開業直後に直面する「業際問題」「報酬請求」「依頼者とのトラブル防止」にも言及している。また，「見積書」「委任契約書」「委任状」などのすぐに役立つ書式も出し惜しみなく開示している。

　さらに，第2版を発刊するにあたり，著者が大手生命保険会社主催の個人向けセミナーで使用したレジュメを収録した。開業後に遺言・相続のセミナーを開催する際に活用して頂きたい。

　読者が本書でしっかりと準備して，「負のスパイラル」に陥ることなく「自分が思い描く成功」に到達できれば，著者として望外の喜びである。

2018年3月

竹内　豊

初版はしがき

　本書の目的は，行政書士の開業を目指す者に，「開業で失敗しないための準備」を提供することにある。

　成功するには失敗しないことである。そのためには，まず「失敗を知る」必要がある。なぜなら，失敗を知ることは，同じ失敗を繰り返すことを抑止するからである。

　そこで本書は，行政書士が起こした失敗を知るために，典型的な「処分事例」（注1）をリストアップした。

　次に，リストアップした処分事例を行政書士法を基に分析した。すると，処分の根拠が「業際」（行政書士法1条の2第2項・1条の3第1項）と「行政書士の責務」（行政書士法10条）の2つの行政書士法違反（以下「2つの違反」という）に集約することが判明した。

　そして「2つの違反」の要因を，筆者の経験を踏まえて9つ明示した。

　つまり，開業で失敗しないためには，この「9つの要因」を開業準備の段階で克服すればよいのである。

　そこで本書は，読者に失敗の「9つの要因」を克服する「2つの準備」を開示した。ひとつは業務を速やかに遂行するために必要な「体制」を確立する準備，もうひとつはその「体制」を起動する「実務脳」（注2）を習得する準備である（注3）。

本書の内容を開業前に実践すれば，開業後に次のような効果が期待できる。

・引合い（問合せ）が自然と来る
・「高い受任率」と「満足行く報酬」が実現できる
・「業際問題」を回避できる
・実務の"落とし穴"に落ちないで済む
・業務を速やかに遂行できる
・依頼者がリピーターになる
・紹介で仕事を得られる

以上の結果として，「継続的な利益」が得られる。

なお，本書では開業後に役立つ「集客」「業務スキル」「トラブル防止」そして「トラブル対策」にも言及した。

本書が開業を目指す者の成功の礎になれば望外の喜びである。

2016年4月
竹内豊

（注１）　行政書士法14条または各都道府県の行政書士会の会則に基づいて，都道府県知事または各都道府県行政書士会が公告した処分事例
（注２）　実務に対応できる思考回路のこと
（注３）　本書でいう開業準備とは，開業前に「失敗しない体制」を確立して，その体制を起動する「実務脳」を習得することを指す。

《目　次》

第4版刊行にあたって

第3版刊行にあたって

第2版刊行にあたって

初版はしがき

【図表】　一覧

【ここが実務のポイント】　一覧

【Column】　一覧

【イラスト】　一覧

第III部 「失敗しない体制」を確立する（開業準備その1）
開業前に「9つの失敗要因」を補完する

第Ⅳ部　「実務脳」を習得する（開業準備その2）
「失敗しない体制」を「実務脳」で起動させる

第1章　実務の「7つのプロセス」をインプットする

第2章　実務脳を活性化させる

第3章 実務脳を試運転する

第Ⅴ部 開業前に押さえたい「集客」「業務スキル」
「トラブル防止の心得」「トラブル対策」のこと

　開業後のことを開業前に知り
　開業準備を実務に即したものに仕上げる

第1章 集客の「4つの鉄則」と「1つの禁じ手」

第2章 業務遅滞を防止する「7つのスキル」

第3章 依頼者とのトラブルを防止する「8つの心得」

第4章　トラブル対策の「4つの鉄則」

第VI部　そこが聞きたい! Q&A30
失敗を回避する30問・30答

第VII部 ▶ 開業で失敗しないための「骨法10カ条」

第VIII部 ▶ 資 料 編

【図表】一覧

第Ⅴ部　開業前に押えたい「集客」「業務スキル」「トラブル防止の心得」「トラブル対策」のこと

第Ⅳ部　そこが聞きたい！Q&A30

【ここが実務のポイント】一覧

第Ⅰ部　成功するために「失敗」を知る

第Ⅲ部　「失敗しない体制」を確立する（開業準備その1）

第Ⅳ部 「実務脳」を習得する（開業準備その２）

第Ⅴ部 開業前に押えたい「集客」「業務スキル」「トラブル防止の心得」 「トラブル対策」のこと

【Column】一覧

【イラスト】一覧

◎開業準備重要キーワード40

開業準備を行うにあたり，重要なキーワードを40個選定した。まず，本書を読む前にざっと目を通してみる。次に，本書を一通り読み終わったら，「理解を確認する」という視点で読んでみる。そうすれば，本書の理解が深まり，効果的な開業準備が行えるはずである。

第Ⅰ部　成功するために「失敗」を知る

□**失敗**：一般的には，失敗とは，やり方がまずかったりねらいがはずれたりして，目的が達せられないことを言うが，本書では，一般的な失敗の意を含めて，特に，準備不足のまま開業した結果，集客しても受任できない，受任できても満足行く報酬を得られない，業務遅滞を等で依頼者に迷惑をかけてトラブルを発生させる，といった"負のスパイラル"に陥ることを指す。☞P3

□**業際**：行政書士と他士業（弁護士・司法書士・税理士・社会保険労務士等）との業務範囲の際のこと。☞P25

第Ⅱ部　失敗の「9つの要因」が業務に及ぼす影響

□**行政書士**：分野不特定の法律系国家資格者☞P37

□**専門知識**：「論理」と「経験知」に裏付けられた，通常では習得することが困難なレベルの実践的な知識のこと。依頼者は，行政書士の専門知識を「報酬」という形で評価する。☞P37

□**専門家**：依頼者の先の見えない切実な悩みを，自らの専門知識で速やかに解決できる者のこと。☞P37

□**文章力**：文章で自らの意思を第三者に的確に伝えられる能力のこと。☞P40

□**経験知**：実務経験を通して得られる実践的な知識のこと。☞P42

□**相談者**：自らが抱える切実な悩みを解決または自らの希望を実現するために

専門家に相談し，その代償として専門家に金員を支払う意思のある者のこと。相談者は，不安解消型・時間優先型・希望実現型・外圧型の4つに分類できる。☞P42

□**依頼者**：自らが抱える切実な悩みを解決または自らの希望を実現することを専門家に託し（依頼し），その代償として金員（報酬）を支払うことを専門家と契約した者のこと。☞P42

□**報酬**：依頼者が専門家の専門知識・経験知および業務遂行能力に対する評価の証しとして専門家に支払う金員のこと。☞P43

□**業務手順**：業務を速やかに遂行するために，可能な限り"無駄な動き"を排除した段取りのこと。☞P45

□**アドバイザー**：自分の「経験知」を補ってくれる「特定の業務に精通している同業者」のこと。☞P46

□**パートナー**：受任案件を完遂するにあたり，「他の法律において制限されている官公署に提出する書類の作成」（行政書士法1条の2第2項），または「他の法律において業務を行うことを制限されている事項」（行政書士法1条の3第1項ただし書）の業務が発生した場合，その業務を自分（行政書士）に代わって行ってくれる者のこと。☞P46

□**見込み客**：開業後に相談や依頼を受ける見込みがある者（相談者や依頼者になる見込みがある者）のこと。☞P47

□**事務所**：行政書士の業務を公正に社会的責任をもって遂行する施設設備的拠点のこと。そのため，法は「行政書士は，その業務を行うための事務所を設けなければならない」（行政書士法8条1項）とし，事務所の設置を義務付けている。なお，個人で開業する行政書士は，事務所を2以上設けてはならない（行政書士法8条2項）。☞P49

□**事務機**：コピー機，パソコンなどの業務を迅速・正確に遂行するためのツールのこと。☞P49

□**資金**：日常生活の維持を前提として，経営を安定的・継続的に行うために充

当できるお金のこと。☞P 51

第Ⅲ部　「失敗しない体制」を確立する（開業準備その1）

□**趣味**：自分のためにやることであり，結果責任を問われない。☞P 71

□**仕事**：自分以外の誰かのためにやることで，結果責任を問われる。☞P 71

□**顧客価値**：相談者・依頼者にとっての価値のこと。すなわち，「今，自分（会社）が抱えている先の見えない切実な悩みを速やかに解決する」こと。☞P 75

□**適正価格**：業務の難易度と量に相応し，なおかつ依頼者が納得して，行政書士が満足できる報酬額のこと。☞P 76

□**分解見積**：業務全体を「業務の項目ごと」にブレイクダウン（分解）して，項目ごとに費用を算出した見積のこと。☞P 76

□**一括見積**：業務全体で「一式いくら」と算出する見積のこと。☞P 76

□**いつ・どこセミナー**：自分が専門分野にしようと考えている業務を，会った者に，いつでも・どこでも気軽に話すこと。実務脳の習得と，見込み客の獲得のきっかけになる。☞P 85

第Ⅳ部　「実務脳」を習得する（開業準備その2）

□**実務脳**：実務脳とは，引合いまたは面談で，正確に事実関係を把握でき，その事実関係を基に①問題解決までの道筋（ロードマップ）②業務に潜むリスク③受任をする・しないの判断④費用（報酬・コスト）の以上4つをイメージすることで，高い受任率と満足行く報酬を実現し，しかも，受任後に業務を速やかに遂行できる思考回路のこと。☞P 103

□**7つのプロセス**：行政書士が取り扱うすべての業務に通底する業務遂行のプロセスのこと。7つのプロセスは①引合い②面談③業務着手④業務遂行⑤業務完了⑥入金確認⑦アフターフォローで構成される。☞P 105

□引合い：行政書士に相談を希望する者（相談希望者）と「面談する・しない」を判断するとともに，「面談」につなげるステージのこと。「失敗を水際で食い止める」という観点から，重要なステージである。☞ P 106

□面談：行政書士が引合いで「会う」と決めた者（面談希望者）と初めて出会う場のこと。面談の内容次第で「依頼される・されない」「満足行く報酬を得られる・得られない」「業務を速やかに遂行できる・できない」がほぼ決まる。面談は，実務の「7つのプロセス」の中で最も重要なステージである。☞ P 109

□ロードマップ：問題解決までの道筋を示した書面のこと。☞ P 115

□職務上請求：行政書士は，職務を遂行するために「職務上請求書」を使用して他人の戸籍謄本，住民票の写し等を市区町村役場に請求することができる。これは，戸籍法10条の2第3項および住民基本台帳法12条の3に基づいた「特別に認められた制度」である。☞ P 126

□業務：行政書士法で認められた行政書士が行うことができる業務全般のこと。☞ P 127

□時間泥棒：アドバイザーに対して，頭が混乱している状態で質問をしたり，アドバイスを受けた後の事の顛末を報告したりしないなど，アドバイザーの貴重な時間を奪うような行為をする者のこと。☞ P 130

□行政手続業務：行政書士法で認められた行政書士が行うことができる業務のうち，官公署に関する業務のこと。☞ P 131

□民事業務：行政書士法で認められた行政書士が行うことができる業務のうち，遺言書作成・相続手続をはじめとした民事に関する業務のこと。☞ P 131

□許可の3要件：ほとんどの業法は，その「目的」を達成するために，申請者に対して，人・物・金3つの要件に一定の基準を課している。

つまり，行政は３つのすべての要件（人的要件・物的要件・財産的要件）の基準をクリアした者に対してのみ，許可を与えるのである。☞P141

□**ありがとうセミナー**：開業後に開業できた感謝を込めて友人・知人等を招待して開催するセミナーのこと。業務案内や見込み客の獲得につながる。テーマは多くの者が関心を示す「遺言・相続」がお勧め。☞P154

第V部　開業前に押さえたい「集客」「業務スキル」「トラブル防止の心得」「トラブル対策」のこと

□**３つのない**：依頼者との間のトラブル発生防止のための対応のこと。依頼者に対しては「信じない」「動かさない」そして「放置しない」の「３つのない」で臨むこと。☞P173

□**非常口**：受任したときには予想できなかった行政書士法・倫理規定に抵触する（または抵触するおそれがある）問題が業務遂行中に発生した場合に，辞任できるようにしておく委任契約書の条項のこと。☞P176

第VI部　そこが聞きたい！Q&A30

□**コンセプト**：その製品（サービス）の「本質的な顧客価値の定義」を意味する。本質的な顧客価値を定義するとは，「本当のところ，誰に何を売っているのか」という問いに答えることである。☞P186

□**依頼応諾義務**：行政書士は，原則として依頼を拒むことができないが，正当な事由があれば拒むことができる（行政書士法11・23①）。☞P203

◎凡　例

1. 法令名

カッコ内では，通常の用法に従い略記する。主なものは次のとおり。

略　　記	法　　律
海事	海事代理士法
行書	行政書士法
行書規	行政書士法施行規則
行書倫	行政書士倫理（日本行政書士会連合会制定）
建築	建築士法
司法	司法書士法
社保	社会保険労務士法
住基	住民基本台帳法
職務上請求書	職務上請求書の適性な使用及び取扱いに関する規則
税理	税理士法
土家	土地家屋調査士法
日行連会則	日本行政書士会連合会会則
弁護	弁護士法
弁理	弁理士法

2. 条　文

(1)「行書7①一」は，「行政書士法7条1項1号」を意味する。

(2)同一法令の場合は，「・」でつなぐ。

(3)異なる法令の場合は，「，」でつなぐ。

3. 判　例

(1)判例

次のように略記する。

最判平27［2015］・11・20民集69巻7号2021頁

＝最高裁判所平成27年（2015年）11月20日判決，最高裁判所民事判例集69巻7号2021頁（大法廷は「大」と入れる）

・決定は「決」と入れる。

⑵判決

次のように略記する。

略　　記	判決・審判
大判	大審院判決
東京高判	東京高等裁判所判決
名古屋高金沢支判	名古屋高等裁判所金沢支部判決
横浜地判	横浜地方裁判所判決
奈良家審	奈良家庭裁判所審判

⑶判例集

通常の用法に従って次のように略記する。

略　　記	判　例　集
民録	大審院民事判決録
民集	大審院民事判例集／最高裁判所民事判例集
新聞	法律新聞
高民集	高等裁判所民事判例集
下民集	下級裁判所民事裁判判例集
家月	家庭裁判月報
判時	判例時報
判タ	判例タイムズ
金法	金融法務事情
金判	金融・商事判例

4. 参考文献（太字が略語である）

『そうだったのか！　行政書士』（税務経理協会，2023年）竹内豊

『新訂第3版 行政書士のための**遺言・相続実務家養成講座**』

（税務経理協会，2022年）竹内豊

『行政書士のための銀行の相続手続実務家養成講座』

（税務経理協会，2022年）竹内豊

『行政書士のための「高い受任率」と「満足行く報酬」を実現する心得と技』

（税務経理協会，2020年）竹内豊

『99日で受かる！　行政書士試験最短合格術（増補改訂版）』

（税務経理協会，2022年）遠田誠貴

『行政書士法**コンメンタール**（新13版）』（北樹出版，2023年）兼子仁

『**詳解**　行政書士法　第4次改訂版』

（ぎょうせい，2016年）地方自治制度研究会

『月刊日本行政』日本行政書士会連合会

『ストーリーとしての競争戦略』（東洋経済新報社，2010年）楠木建

『経営センスの論理』（新潮新書，2013年）楠木建

『「箇条書き」を使ってまとまった量でもラクラク書ける文章術』

（大和書房，2010）橋本淳司

『佐藤可士和の打ち合わせ』（ダイヤモンド社，2014年）佐藤可士和

『佐藤可士和の超整理術』（日経ビジネス人文庫，2011年）佐藤可士和

『家族法　第5版』（新世社，2019年）二宮周平

『概説　改正相続法（新2版）』

（金融財政事情研究会，2021年）堂薗幹一郎，神吉康二

『よくわかる入管法（第4版）』

（有斐閣，2017年）山田鐐一，黒木忠正，髙宅茂

◎本書は何の本であるか

　行政書士の開業本といっても，さまざまなものがある。本書を購入した読者が「この内容なら買わなかったのに」と後悔しないために，本書が「何ではないのか」を明らかにすることによって，「何であるのか」をはっきりさせておく。

　結果として本書の売上が減るかもしれないが，読者が"失敗"しないようにあえて書いてみる。

「成功法則本」ではない

　本書は，「こうすれば成功する」と経営に法則性を見出す「成功法則本」ではない。

　法則とは「一定の条件のもとでは常に成り立つものと考えられる，自然界の事物相互の関係」（引用『新明解国語辞典第7版』）のことである。

　経営は社会科学であって自然科学ではない。「こうすれば必ず成功する」といった法則が成り立たないのは当然である（そもそも「成功法則本」は存在し得ないのである）。

「集客本」ではない

　本書は，ホームページやフェイスブック等のSNS（social networking service），ダイレクトメール，チラシ等の"飛び道具"を活用した集客方法を紹介する「集客本」ではない。

　なお，「失敗しない体制」の確立と「実務脳」の習得を疎かにして集客に走ると，「集客できても受任できない」「受任できても満足いく報酬を得られない」「業務遅滞で依頼者とトラブルになる」といった負のスパイラルに陥る可能性が高くなる（P 39参照）。

「開業体験記」ではない

本書は，行政書士が自身の開業体験を書いた「開業体験記」ではない。

この種の本は「"金なし・コネなし・経験なし" から年収○千万円」といった "成り上り方" を書いたものが多い。そして，ほとんどの著者の実態は "コンサルタント" である。

勇気と感動を得られてモチベーションが "一瞬" 上がる。しかし著者のやり方を模倣して同等以上の成果を収めるのは当然だがあり得ない。なぜなら，読者と著者は前提条件（経験・能力・資力等）が違うからである。むやみに模倣すると，開業資金と時間を浪費して自らのストーリーを破壊してしまう。

このジャンルの本を読むなら，一流の経営者が書いた本を読むことをお勧めする（P 289参照）。なぜなら，一流の経営者の成功に至るまでのストーリーを読み解くことは，行政書士としての独自のストーリーを描く参考になるからだ。

「業界紹介本」ではない

本書は，行政書士の業務や将来像を紹介した「業界紹介本」ではない。

この種の本の多くは，受験予備校や "士業コンサルタント" が自らの集客目的で出版する。当然ながら，行政書士の明るい未来が中心に描かれている（当たり前だが，世の中そんなに甘くない）。

本書は以上紹介した「成功法則本」「集客本」「開業体験記」「業界紹介本」のいずれでもない。したがって，本書には事実に則して書かれている性格上，「こうすれば必ず成功できる！」といった読者に夢と希望を "一瞬" 与えるリップサービスは一切ない。

本書は，行政書士の開業を目指す者に，行政書士の「処分事例」という "失敗" を通じて，開業で失敗を回避するために必要な「体制の確立」と，その体制を起動させる「実務脳」の習得・活性化方法を提供する本である。

◎本書の読み方

　本書には，「開業で失敗しないための準備」が時系列に沿って書かれている。したがって，第Ⅰ部から第Ⅶ部まで順を追って最後まで読んで頂きたい（第Ⅷ部は資料）。

◎行政書士開業関連本の特長・目的・効果および本書の
　ポジショニング

　本書は，筆者が著作・監修を務めている「実務直結シリーズ」を効果的に読むための役割を担っている。

　そこで，筆者が携わった行政書士開業関連本と基本書・実務書の特長・目的・効果と本書のポジショニングについてまとめてみることにする。

　開業には，本から得る知識・経験知は有益である。開業に向けて本を揃える際の参考にして頂きたい。

◆行政書士関連本の特長・目的・効果

本	特　長	目　的	効　果
『そうだったのか！　行政書士』（竹内豊著，税務経理協会）	つかみどころのない行政書士という資格の「本質」がわかる。	行政書士の受験・開業を考えている者に，受験・開業する／しないの判断材料を提供する。	行政書士試験の短期合格および行政書士という資格を活用して「好き」なことを仕事にできる。
実務直結・プレBook『行政書士合格者のための開業準備実践講座』（竹内豊著，税務経理協会）『行政書士合格者のためのウェブマーケティング実践講座』（遠田誠貴著，税務経理協会）	行政書士が起こした失敗（「処分事例」）を通じて，「失敗しない体制」の確立と「実務脳」の習得方法が開示されている。	行政書士の開業を目差す者に，開業で失敗しないための準備の方法を提供する。	開業直後から次の効果が現れる。・引合い（問い合わせ）が自然と来る・受任率が高くなる・実務で待ち構える“落とし穴”を避けられる・業務を速やかに遂行できる・依頼者から信頼を得られる・満足できる報酬を得られる・依頼者がリピーターになる・紹介で仕事を得られる以上の結果，長期利益を得られる。
実務直結シリーズ『新訂第3版 行政書士のための遺言・相続実務家養成講座』（竹内豊著，税務経理協会）『行政書士のための銀行の相続手続実務家養成講座』（竹内豊著，税務経理協会）『行政書士のための新しい家族法務実務家養成講座』（渡邉愛里著，税	専門分野ごとに求められる実務における「思考」と「行動」が時系列に沿って書かれている。	・実務経験がないまたは乏しい者に，受任と業務遂行に必要な「心得」「経験知」「技」を提供する。・基本書と実務書を連結する役割を果たす。	・実務を俯瞰して流れを把握できる。・基本書と実務書がより深く理解できる。・各専門分野の「実務脳」の習得が速やかにできる。・トラブルなく，速やかに業務を遂行できる。

務経理協会） 『行政書士のための建設業実務家養成講座（第3版）』（菊池浩一著，税務経理協会） 『行政書士のための産廃業実務家養成講座』（北條健著，税務経理協会） 『行政書士のための補助金申請実務家養成講座』（山田まゆみ，税務経理協会（2024年3月予定））			
『行政書士のための「高い受任率」と「満足行く報酬」を実現する心得と技』（竹内豊著，税務経理協会）	受任率と報酬に真正面からアプローチしている。	「高い受任率」と「満足行く報酬」を実現するための「心得」と「技」を提示する。	相談者・依頼者からの信頼を得ることで，高い受任率と満足行く報酬を実現できる。
基本書（学者）	法の体系が論理的に書かれている。	法の論理的思考を習得する。	相談者と官公署に対して，論理的に説明できる。
実務書（実務家）	法の実践的運用が具体的に書かれている。	法の実践的思考を習得する。	相談者と官公署に対して，臨機応変に対応でき，速やかに業務を遂行できる。

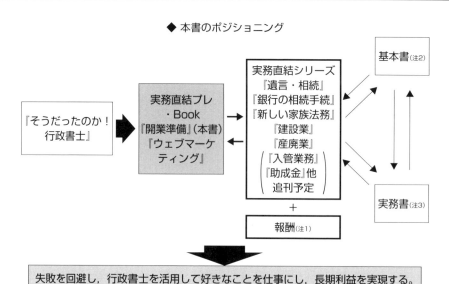

◆ 本書のポジショニング

失敗を回避し，行政書士を活用して好きなことを仕事にし，長期利益を実現する。

（注1）：報酬について詳細は，拙著『行政書士のための「高い受任率」と「満足行く報酬」
　　　　を実現する心得と技』（税務経理協会）参照。
（注2）：学者が書いた法体系に則した本
（注3）：実務家が書いた実務に則した本

◎想定する読者像

　本書は，これから開業する者で，次の3つを望んでいる者を想定して書かれ
ている。

(1)　行政書士の開業で「失敗」したくない

(2)　行政書士を活用して「好き」なことを仕事にしたい

(3)　行政書士の活動で「長期利益」を生み出したい

　本書には，行政書士開業後に待ち受けている失敗を回避し，行政書士という
資格を活用して「好き」なことを仕事にして，「長期利益」を生み出すための
「開業準備の段階で実践すべきこと」が書かれている。

◎本書の鳥瞰図

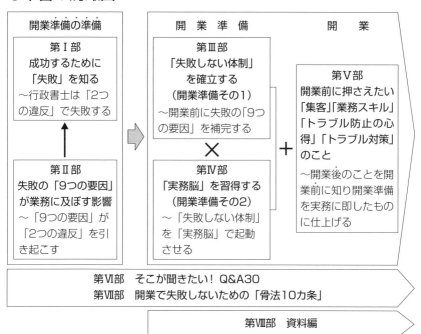

開業準備の準備

第Ⅰ部
成功するために「失敗」を知る
～行政書士は「2つの違反」で失敗する

第Ⅱ部
失敗の「9つの要因」が業務に及ぼす影響
～「9つの要因」が「2つの違反」を引き起こす

開 業 準 備

第Ⅲ部
「失敗しない体制」を確立する
（開業準備その1）
～開業前に失敗の「9つの要因」を補完する

×

第Ⅳ部
「実務脳」を習得する
（開業準備その2）
～「失敗しない体制」を「実務脳」で起動させる

開 業

＋

第Ⅴ部
開業前に押さえたい「集客」「業務スキル」「トラブル防止の心得」「トラブル対策」のこと
～開業後のことを開業前に知り開業準備を実務に即したものに仕上げる

第Ⅵ部　そこが聞きたい！ Q&A30
第Ⅶ部　開業で失敗しないための「骨法10カ条」

第Ⅷ部　資料編

◎開業までのイメージ

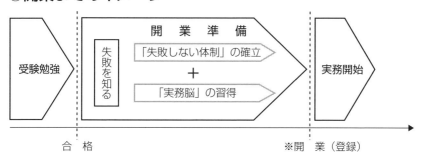

受験勉強

失敗を知る

開 業 準 備
「失敗しない体制」の確立
＋
「実務脳」の習得

実務開始

合 格　　　　　　　　　　　　　　　　　※開 業（登録）

※　開業の基準は，自分の専門分野に関して，面談の場で，相談者が抱える悩みを解決する道筋（ロードマップ）を相談者に提示することによって受任できて，なおかつ業務を速やかに遂行できるレベルの体制の確立と実務脳（P103参照）の習得ができたときである。

第 I 部

成功するために「失敗」を知る

行政書士は「2つの違反」で失敗する

成功するには失敗しないことである。そして，失敗しないためには，まず失敗(注1)を知る必要がある。

　そこで，まず行政書士の「懲戒制度」と失敗の具体例として「処分事例」(注2)を紹介する。

　次に，処分事例を行政書士法に基づいて分析する。そして処分は「業際違反」（行書1の2②および行書1の3①違反）と「行政書士の責務違反」（行書10違反）の「2つの違反」に集約できることを明らかにする。

(注1)　一般的には，失敗とは，やり方がまずかったりねらいがはずれたりして，目的が達せられないことを言うが，本書では一般的な失敗の意を含めて，特に，準備不足のまま開業した結果，集客しても受任できない，受任できても満足行く報酬を得られない，業務遅滞等で依頼者に迷惑をかけてトラブルを発生させる，といった"負のスパイラル"に陥ることを指す。

(注2)　「処分事例」は，『月刊日本行政』（行政書士に登録すると日本行政書士会連合会（以下「日行連」という)(注3)から郵送されてくる月刊誌）にほぼ毎月掲載されている。また，都道府県庁のホームページでも見ることができる。

(注3)　行政書士法18条1項に基づいて設立された法定公益社団法人であって，全国の行政書士会によって設立されている。
　　　　日行連の目的は，行政書士会の会員の品位を保持し，その業務の改善進歩を図るため，行政書士会およびその会員の指導および連絡に関する事務を行い，並びに行政書士の登録に関する事務を行うことである（行書18②)。

【図表1】◆第Ⅰ部の流れ

第1章
処分事例を知り，分析する

⬇

第2章
「2つの違反」を知る

第1章 処分事例を知り，分析する

開業で失敗しないために，まず行政書士が引き起こした失敗を処分事例
により知る。そしてその失敗を行政書士法に基づいて分析する。

Ⅰ-1-1 処分事例を知る

失敗しないためには「失敗の事実」を知ることが有益である。そこで，行政
書士の「懲戒制度」と「処分事例」を紹介する。

(1) 行政書士の処分（行書14）

行政書士法は，行政書士に対して次の処分制度を設けている。

① 一般国民から懲戒請求される（行書14・14の3）

一般国民は，行政書士が行政書士法もしくはこれに基づく命令・規則その他
都道府県知事の処分に違反したときまたは行政書士たるにふさわしくない重大
な非行に該当する事実があったと思料するときは，当該行政書士の事務所の所
在地を管轄する都道府県知事に対し，当該事実を通知し，適当な措置を求める
ことができる。

② 懲戒処分の内容（行書14）

都道府県知事は，行政書士が行政書士法もしくはこれに基づく命令・規則そ
の他都道府県知事の処分に違反したときまたは行政書士たるにふさわしくない
重大な非行があったときは，当該行政書士に対して次の3段階の処分をするこ
とができる（P6【図表2】参照）。

【図表2】◆懲戒処分の3段階とその法的効果（行書14）

No.	処　分	法　効　果
①	戒告	法規違反等について将来を戒める懲戒処分の最も軽い段階である。それが公告されることで制裁効果がある（行書14の5）。
②	2年以内の業務停止	法的に行政書士業務に従事することが禁止されるので，法規に基づく次の不利益効果が伴う。 ①　日行連への行政書士証票の一時返還義務（行書7の2①後段） ②　行政書士事務所表札を期間中外す義務（行書規2の14②） ③　所属行政書士会への届出義務（東京都行政書士会会則27条等） ④　期間中は行政書士法人の社員になれない（行書13条の5②一）
③	業務の禁止	事の性質上，停止処分以上の次の不利益効果が生ずる。 ①　所属行政書士会への届出義務（東京都行政書士会会則27条等） ②　向こう3年間の行政書士の欠格事由該当（行書2の2七） ③　日行連への欠格該当の届出義務（行書規12一） ④　日行連による登録抹消（行書7①一） ⑤　登録抹消により，行政書士証票の返還義務と所属行政書士会の自動退会（行書7の2①前段・16の5③）

参考：『コンメンタール』P149〜157

③　懲戒処分の公告（行書14の5）

　都道府県知事は，行政書士法14条の規定により行政書士を処分したときは，遅滞なくその者を都道府県の公報をもって公告しなければならない。

　一般的に，都道府県庁のホームページに「行政書士に対する行政処分について」として，「氏名」「事務所所在地」「登録番号」「処分年月日」「処分内容」「処分理由」「処分根拠」が掲載される。

④　所属する行政書士会による懲戒処分

　行政書士の法規違反および会則の違反に対し，制裁的な会員処分が行われる旨が各行政書士会会則で定められている。これは，法定行政処分ではないが，

行政処分に当たる懲戒処分の一種と解される（『コンメンタール』P153参照）。

(2)　典型的な処分事例60

　2013（平成25）年から2023（令和5）年の10年間に『月刊日本行政』および日本行政書士会連合会のホームページに掲載された，行政書士法14条に基づいてなされた処分の中から典型的な事例を60件紹介する。

　なお，行政書士法14条（行政書士に対する処分）は，すべての処分に該当するため，「処分の根拠となる法令」から除いた。

【図表3】◆典型的な処分事例60

No.	処分内容	事　　　実	処分の根拠となる法令
①	廃業勧告	被処分者は，行政書士でありながら，依頼の趣旨に反する書類を作成し，申請人に無断で他人に業務を依頼するなどに加え，領収書の不備等が認められるなど，行政書士業務における法令順守意識が希薄で真摯に反省していないと認められる。	行書10 行書規9 ①・4・10
②	廃業勧告	被処分者は，申請取次行政書士でありながら，作成した申請書類を本人との面談の上確認することもせず，更には，業務内容に関し虚偽の申請内容の申請書を作成し，あえて出入国在留管理局に対し，申請取次行為を行った。 　この行為は行政書士としての信用を害し，依頼者に多大の被害を与えた。	行書10・13 行書規9①
③	業務停止14日	被処分者は，他の行政書士（以下，「相手方行政書士」という）に唆され，行政書士の業務を受任した実体がないにもかかわらず，相手方行政書士から復代理権が授与されたとの認識の下，相手方行政書士の指示に従い，案件の詳細について十分確認せず，請求の必然性，請求範囲の妥当性も十分検討しないまま，戸籍法又は住民基本台帳法上の要件を満たさない戸籍謄本等及び住民票の写し等の交付請求を約100件行い，取得した個人情報を相手方行政書士と共有した。 　このことは，行政書士の信用又は品位を害するものである。	行書10

④	廃業勧告	被処分者は，報酬を受け，受任した相続関係業務につき，誠実・迅速に業務を遂行せず，顧客が○○県行政書士会に申し立てた苦情について，その解決を支援するための機関である苦情処理解決支援委員会からの連絡並びに綱紀委員会からの調査等に全く応じなかったことから，業務遂行しないことに正当理由があるとは認められない。さらに，顧客が他の行政書士にその業務を依頼し直した後も受けた報酬の返還をしない。 　このように，被処分者の行為は，国家資格者として責務を課された行政書士の信用を著しく損なう行為である。	行書10・13
⑤	3月の会員権停止	被処分者は，農地転用手続において，隣接農地所有者4人に直接意思確認を行わず，しかも，その内の1人が故人であるにもかかわらず，「隣接同意確認表」を作成し，○○市農業委員会に提出した。	行書10・13
⑥	訓告	被処分者は，官公庁の入札参加資格に係る申請業務を受託したが，正当な事由なくその業務の処理を定期申請の期限までに完了できず，依頼者は入札に参加することができないという不利益を与えた。	行書規7
⑦	2月の会員権停止	被処分者は，社交飲食店Aに係る風俗営業許可申請の依頼を受け，○○県公安委員会に対し，実際の経営者でない者を名義人として2件の許可申請書を提出した。 　この行為により，風俗営業等の規制及び業務の適正化等に関する法律（風営法）違反（幇助）を行ったものとして，罰金50万円の刑が確定した。	行書10
⑧	6月の会員権停止	被処分者は，内容証明書作成事案において，依頼された行政書士業務の範囲を超えた調査目的で請求相手方の全世帯の住民票の写し等を請求した。 　また，営業相手方に「戸籍または住民票の写しに関わる書類の取得・作成業務の受任を行う業務」であると疑義を招くような営業活動を行っていた。 　さらに，帳簿の記載内容に不備があることが，その後の調査の過程で判明した。	行書9・10
⑨	1年間の会員権停止	被処分者は，検認済の自筆証書遺言が有り，依頼者がその内容に不満をもっていたことを知りながら，「遺言書の内容と異なる法定相続分であれば単独で登記申請ができる」と依頼者に伝え，指導するなどして，登記申請の実行に関与し，遺言執行者の職務を妨害した。	行書1の2②・10

		また，登記申請に使用する目的での職務上請求書の使用について，本件以外にも過去に行っていたことが，その後の調査の過程で判明した。	
⑩	6月の業務停止	被処分者は，○○所在のビルの一室を営業所とする風俗営業の許可申請書の作成及び提出に係る業務3件に関し，風俗営業等の規制及び業務の適正化等に関する法律（風営法）3条1項及び11条の規定に違反する行為（無許可営業及び名義貸し）が行われることを知りながら，許可申請書を作成し，○○警察署に提出することにより，違法行為が行われることを容易にさせた。	行書10
⑪	2月の業務停止	被処分者は，他人の依頼を受け報酬を得て，弁理士法で制限されている行政書士が作成できない「特許庁の審尋に対する回答書」1件及び「商標登録の願書」4件を作成し，それらの書類を特許庁に提出した。	行書1の2②・1の3①ただし書弁理75
⑫	廃業勧告	被処分者は，離婚事件に介入し自ら代理人として示談交渉を行った上，離婚協議まで行いその報酬を受領している。これらの行為は弁護士法に違反する疑いが強い。 　また，当該行政書士は，成年後見並びに相続手続における手続及び高額報酬請求等の問題により○○県行政書士会の訓告処分を受けているにもかかわらず，反省の態度が見られず，綱紀委員会の招集要請にも応じていない。	行書10
⑬	1月の会員権停止	被処分者は，成年後見手続において，「裁判所に提出する書類」の作成及び提出代行を行った。	行書1の2②弁護72司法73①
⑭	2月の業務停止	被処分者に，行政書士法14条の3第1項（懲戒の手続）の規定に基づき知事に対して適当な措置をとることの求め（以下「措置請求」という）があったので調査したところ，次のような事実が認められた。 ① 被処分者は，司法書士の資格・登録を有しないにもかかわらず，相続による不動産に係る「登記申請手続」を業務として行った。 　これは，行政書士法1条の2第2項（業務）及び1条の3（業務）の規定に違反する。 ② 被処分者は，措置請求者から依頼された業務について，報酬を受領したにもかかわらず，2年半以上もの長期間にわたり業務を完成させず，業務の進捗に関する問合せにも対応しなかった。	行書1の2②・1の3①ただし書・10司法73①

		知事は行政書士法14条の３第２項（懲戒の手続）の規定により，措置請求で通知された事実について調査が義務付けられているため，行政書士法13条の22第１項（立入検査）の規定に基づき，当該行政書士の事務所に立入り，措置請求に係る業務及びその他の業務に関する帳簿及び関係書類の検査を行おうとしたが，当該行政書士は正当な理由なく応じなかった。 　これらは，行政書士法10条（誠実履行義務，信用・品位確保義務）の規定に違反する。 ③　措置請求者以外からも，当該行政書士の業務についての苦情が○○県行政書士会（以下「会」という）に寄せられており，会が調査を行うために出頭を要請したが，当該行政書士は応じなかった。これは，行政書士法13条（会則の遵守義務）の規定に違反する。	
⑮	１月の業務停止	被処分者は，司法書士法により制限されている行政書士が作成できない，裁判所に提出する書類である「支払督促申立書」の作成について相談に応じた。	行書１の３①ただし書 司法73①
⑯	１年間の業務停止	被処分者は，他士業業務である「不動産仮登記」の申請に係る業務を受任し，報酬の一部を受領した。また，不動産売買に関する契約書作成業務について，受任したまま放置した上，報酬及び書類を返還せず，申立人に対して強迫紛いの行為も行った。 　上記の事実は，行政書士法１条の２（業務），10条（行政書士の責務）及び13条（会則の遵守義務）並びに行政書士法施行規則10条（領収書）に違反する。	行書１の２②・10・13 行書規10 司法73①
⑰	１月の業務停止	被処分者は，依頼者から遺留分の減殺請求のための内容証明書の作成及び遺留分減殺請求の調停申立書の作成の依頼を受け，その報酬を受領した上で，弁護士又は司法書士以外の者が作成することを禁じられている「調停調書」を作成し，裁判所へ提出した。また，内容証明書については，依頼があったにもかかわらず作成しなかった。	行書１の２②・10 弁護72 司法73①
⑱	７日間の業務停止	被処分者は，司法書士会に入会している司法書士でないにもかかわらず，裁判所に提出する「調停申立書」を申立人に代わって作成し，当該申立書の作成に係る報酬を受領した。また，法務局に提出する「所有権移転登記申請書」を申請者に代わって作成し，当該申立書の作成に係る報酬を受領した。	行書１の２② 司法73①

		これらのことは，司法書士等以外の者による業務を制限した司法書士法73条１項（非司法書士等の取締り）に違反するとともに，他の法令による行政書士の業務制限を定めた行政書士法１条の２第２項（業務）の規定に違反するものであることから，行政書士に対する懲戒を定めた行政書士法14条（行政書士に対する懲戒）の規定に該当する。	
⑲	廃業勧告及び５年間の会員権停止	被処分者は，戸籍謄本・住民票の写し等職務上請求用紙を用いて他人の原戸籍謄本・戸籍謄本を使用目的「遺言書作成資料」と記載した上で請求して取得した。しかし，不正に取得した疑いがあり，行政書士法10条（行政書士の責務）に違反する。また，次の遵守義務を怠った。 ①　行政書士法施行規則10条（領収書）により義務付けられている「領収書の副本」の作成の日から５年間の保存 ②　職務上請求書取扱規則13条（使用済み控えの保管）により義務付けられている「使用済請求書」の２年間の保存	行書10 行書規10 職務上請求書13
⑳	３年間の業務禁止	被処分者は，以下のことを行った。 ①　業として，「訴状」「登記申請書」及び「労災保険給付に関する請求書」を作成した。 ②　業として，「登記申請書」及び「労災保険給付に関する請求書」を提出する手続を行った。 ③　帳簿に法令に定める事項を記載していなかった。また，帳簿を法令に定める期間保存しておらず，帳簿閉鎖の事務処理もしていなかった。 ④　依頼人の希望があった場合以外，領収書を作成していなかった。	行書１の２②・１の３①ただし書・９・13
㉑	２月の業務停止	被処分者は，○○県知事から特定建設業の許可を受けて工事の施工等を業とする者と共謀の上，○○県知事に対し，経営規模等評価を申請するにあたり，虚偽の記載をしてこれを提出し，○○簡易裁判所から建設業法違反等の罪により罰金50万円の略式命令を受けた。	行書10
㉒	戒告	被処分者は，平成16年に建設会社（以下「X社」という）から一般建設業の許可更新申請に係る依頼を受けた際，甲社の代表取締役（以下「A氏」という）が別会社の代表取締役を兼務しており，許可の基準として設置が必要な専任技術者の要件を満たしていないにもかかわら	行書10 行書規９①

		ず，漫然と従前どおりA氏を専任技術者として申請書類を作成・提出し，このことによりX社は虚偽の事実に基づいて許可の更新を受けた。 　また，当該行政書士は平成21年にも同様に申請書類を作成・提出し，X社は再度，虚偽の事実に基づいて許可の更新を受けた。 　なお，平成24年7月にX社は建設業許可取消処分を受けた。	
㉓	訓告	被処分者は，特定活動から定住者への「在留資格変更許可申請」について，入国管理局係官から「当該申請が難しい」と言われ，また，自身の入院等の事情があったとはいえ，依頼者からの再三の問合せに十分な説明をすることなく，結果的に当該申請手続を1年以上も放置した。	行書10
㉔	6月の 会員権 停止	被処分者は，電子定款作成業務で本人確認を行っていなかったため，事件簿に関する行政書士法違反で，簡易裁判所から罰金40万円の略式命令を受けた。 　当該行政書士のこの電子定款作成業務は，行政書士法9条第1項（帳簿の備付及び保存），犯罪による収益の移転防止に関する法律4条1項及び2項（本人確認），同法6条（本人確認記録作成・保存）並びに同法7条2項及び3項（取引記録等作成・保存）の規定に違反するものである。	行書9①
㉕	1月の 業務停止	被処分者は，以下のことを行った。 ①　職務上請求書を使用して，戸籍謄本を請求したが，当該戸籍謄本請求に関して依頼者の本人確認をせず，依頼について記録することもしなかった（行政書士法10条・行政書士の責務違反）。 ②　業務に関する帳簿を備えていなかった（行政書士法9条1項・帳簿の備付及び保存違反）。 ③　日本行政書士会連合会の定める領収書を使用していなかった（行政書士法13条違反・会則の遵守義務）。	行書9①・ 10・13
㉖	2月の 業務停止	被処分者は，他士業業務である「成年後見登記手続」に係る業務を請け負い，報酬を受領しながら，これを完遂せず，依頼者が書類の返却を求めてもこれに応じなかった。 　また，業務について，○○県行政書士会に対し，多数の苦情が寄せられており，同会の調査にも応じなかった。	行書1の2 ②・1の3 ①ただし 書・13 弁護72 司法73①

		上記の事実は，行政書士法１条の２（業務），１条の３（業務），10条（行政書士の責務）及び13条（会則の遵守義務）の規定に違反するものと認められる。	
㉗	22日間の業務停止	被処分者は，補助者が特定建設業者に係る建設業法27条の23第２項に規定する経営事項審査に関して，２年続けて文書偽造及び虚偽記載（技術職員の水増し）を行った。 　被処分者は，本件について，当該補助者に対する厳正な指導及び監督を怠った。	行書10・13
㉘	戒告	被処分者は，「在留資格認定証明書交付申請」の添付書類である「身元保証書」について，身元保証人の署名に立ち会うことなく，身元保証人以外の署名がなされた身元保証書を○○出入国在留管理局に提出した。以上の行為は，誠実に業務を行っておらず，書類の作成を業とする行政書士に対する信用を著しく害するものである。	行書10
㉙	６月の会員権停止	被処分者は，遺言執行者として遅滞なく「財産目録」を作成して受遺者に交付しなければならないにもかかわらず，大幅に遅れて交付した。 　このことは，行政書士としての信用・品位を害する行為であって，行政書士法10条（行政書士の責務），同法13条（会則の遵守義務）及び日本行政書士会連合会会則59条（責務）の規定に違反する。	行書10・13 日行連会則59
㉚	廃業勧告及び無制限の会員権停止	被処分者は，依頼者から報酬を受け取りながら，「運送事業許可申請」及び会社設立の受託業務を行わなかった。しかも，依頼者へ返金の約束をするも履行せず，音信を絶ち，依頼者に多大な迷惑をかけ損害を与えた。 　このような事実は，誠実に業務を行うべき行政書士の責務に違反しており，行政書士の信用及び品位を害するものである。	行書10
㉛	戒告	被処分者は，受任した農地法５条（農地又は採草放牧地の転用のための権利移動の制限）の規定による許可申請書の作成及び申請並びにそれらに付随する業務の大部分を，行政書士でも当該行政書士の補助者でもない者に行わせた。 　このことは，行政書士法施行規則４条（他人による業務取扱の禁止）の規定に違反する。	行書規４

㉜	訓告	被処分者は，登録事務所とは別の場所に，「単なる事務局」「業務を行うための事務所ではなく，各専門家の連携の必要上設置している」と称して「バーチャルオフィス」を設置し，それをホームページに掲載していた。 　このような事実は，いわゆる「2ヶ所事務所の禁止」の規定に抵触するとともに，「不正・不当な手段で依頼を誘致する行為」であり，行政書士の信用及び品位を害するものである。	行書8②・10 行書規6②
㉝	1月の業務停止	被処分者は，受任した慰謝料請求書の作成等の業務を遂行する際に，請求相手方との駆け引きの方法をアドバイスするなど，法律事件に関する法律事務を行った。 　これは，弁護士法72条に違反しており，行政書士たるにふさわしくない重大な非行に該当する。	行書1の2②・10 弁護72
㉞	戒告	被処分者は，建設業者より作成を依頼された，建設業法27条の26第2項に規定する「経営規模等評価申請書」及び同条3項に規定する経営規模等評価申請書の添付書類について，虚偽の内容を記載して作成し，○○県知事に提出した。 　これらの行為は，行政書士法10条（行政書士の責務），行政書士法施行規則9条1項（書類等の作成）の規定に違反し，同法14条（行政書士に対する懲戒）に規定するこの法律若しくはこれに基づく命令，規則その他都道府県知事の処分に違反したときに該当する。	行書10 行書規9①
㉟	3月の業務停止	被処分者は，第三者の依頼を受け，「職務上請求書」を使用して，不正に住民票の写し，戸籍の附票の写し及び戸籍謄本の交付を受けた。このため，平成○年○月に住民基本台帳法違反及び戸籍法違反の罪で，○○簡易裁判所から罰金30万円の略式命令を受けた。	行書9・10
㊱	廃業勧告	被処分者は，受任した内容証明の作成，送付及び窓口代行業務を，書類の紛失を理由に業務の完了を大幅に遅滞したうえ，一部業務を完遂せず，依頼者に精神的苦痛を与えた。 　しかも，当該行政書士は，同様の業務遅滞を繰り返し行っている。	行書10・13 行書規7
㊲	4月の業務停止	被処分者は，第三者の求めに応じ，架空の請求内容等を記入するなど，不正に「職務上請求書」を使用し，住民票の写し（3通），除籍謄本（2通），原戸籍の謄本	行書9・10 行書規10

		（２通）及び戸籍謄本（１通）を取得した。 このことは，行政書士法10条（行政書士の責務）に規定する「行政書士の信用又は品位を害するような行為」に該当する。 また，上記を含む依頼業務について法に規定する項目を帳簿に記載していなかった。このことは，行政書士法９条（帳簿の備付及び保存）に規定する「帳簿記載義務違反」に該当する。 さらに，上記を含む依頼業務に係る報酬の受領に際し，日本行政書士会連合会が定める様式による領収書の作成及び交付を行っていない。このことは行政書士法施行規則10条（領収書）に規定する「領収書作成義務違反」に該当する。	
㊳	戒告	被処分者は，依頼者から裁判手続に関する相談を受け，当該業務を弁護士等に依頼するための裁判費用を受領した後，依頼先を見つけることができなかったにもかかわらず，速やかに当該費用を返還しなかった。その上，依頼者に対して，今までに受任した業務に係る費用の説明を行わなかった。 また，日本行政書士会連合会の定める様式による報酬額表の作成及び掲示をしておらず，さらに，行政書士法に規定する項目を帳簿に記載していなかった。	行書9・10・10の2①
㊴	２月の業務停止	被処分者は，交通事故で受傷したとする依頼者から交通事故保険請求に係る行政書士業務を受任し，着手金60万円を受領した。 その後，当該行政書士は，自己の立場を偽って保険金支払の話し合いを要請する内容の文書を作成して保険金請求の窓口の担当者に郵送した。	行書10
㊵	20日間の業務停止	被処分者は，委任を受けた事務に関し，依頼者に対して事前に報酬額について説明せず，委任事務の内容に照らして高額な報酬額を事務内容が全て終了し，依頼者が断り難い段階に至って初めて請求し，即日支払わせた。 上記の行為は，行政書士法10条に違反し，行政書士の信用又は品位を著しく害する行為と認められる。	行書10・10の2①
㊶	２月の業務停止	被処分者は，依頼者が名義人ではない者に営業をさせようとしていることを知りながら，風俗営業許可の申請をし，○○県公安委員会から風俗営業の許可を受けるなどし，もって許可名義人以外の者が無許可営業を行うこ	行書9・10

		とを容易にし，これを幇助した。	
		以上の事実により，被処分者は，風営法違反幇助の罪により起訴され，罰金50万円の略式起訴を受けた。また，被処分者は，業務に関する帳簿を備えていなかった。	
㊷	1年の会員権停止	被処分者は，顧客から依頼された建設業許可申請と経営事項審査を放置し，当該顧客の公共事業工事受注を不可能とさせ実害を生じさせた。	行書10・13
㊸	廃業勧告	被処分者は，行政書士には認められていない業務（遺産分割協議調停申立書の作成）を引き受けて，実際には業務を行っていないにもかかわらず，業務が完了したと偽って報酬を受け取り（依頼者から契約不履行を追及され最終的には返還），行政書士の信用及び品位を著しく害した。	行書1の2②・1の3①ただし書・10弁護72
㊹	廃業勧告及び7年の会員権停止	被処分者は，就労資格証明書交付申請という手続きを申立人に過度で不要な手続きにもかかわらず，強要した可能性が高く，受任したことは明らかに不正な行為であり，就労資格証明書の正確な意味を理解していなかったことは専門家としての，資質が欠如しているといわざるを得ない。 　そればかりか，自身の未熟な手続きにより依頼者に不利益を与えたにもかかわらず，依頼者の請求に全く応じないばかりか，自身のレベルの低さを言葉巧みに正当化している。 　その上，被処分者が依頼者に必ず署名させている備え付けの依頼書には「料金の返却を理由の如何を問わずに行わない」と書かれており，この文言を盾に取り，依頼人に対して悪用する手口は極めて悪質である。	行書10 行書規6②・7 日行連会則59・60
㊺	廃業勧告及び5年の会員権停止	被処分者は，被処分者のホームページに掲載されている「風俗営業許可のスピード申請」の宣伝文句を信じた依頼者から風俗営業許可を依頼された。しかし，その申請があまりにもずさんなため，警察署員が書類の一部を修正し，再提出する始末であった。 　加えて，実地検査の連絡においても警察と被処分者との連携は無く，放置状態であった。 　また，依頼者とのメールでのやり取りでは自ら非を認めているにもかかわらず，言い訳ばかりで，そのうち言い訳もせずに依頼者の問いかけを放置する悪質さであった。	行書10・13 行書規6②

		最終的には許可は下りたが，ずさんな仕事により，専門家に依頼したにもかかわらず，依頼者自ら書類作成させられる状況にするなど，行政書士の信頼を著しく貶める行為である。 　被処分者に反省の色が認められないことから，再び問題を起こす蓋然性が高いと考え，国民の権利を擁護するという意味からも厳しい判断とした。	
㊻	6月の 会員権 停止	被処分者は，依頼者（医療法人）から業務（医療法及び医療法施行令に定める各種届出）を受任したものの，正当な理由なくこれを長期間にわたり放置した。 　また，詳しい説明もなく白紙の原本証明書類30枚に依頼者の法人印を自らが押印し，受領した。 　さらに，依頼者より「会員の指導に関するお願い」を○○県行政書士会が受領し，被処分者に対応要請及び指導を行ったが，これに誠実に対応しなかった。	行書10・13
㊼	2年の 会員権 停止	被処分者は，平成28年5月18日に受任した依頼者の祖父の相続に伴う株式の名義変更業務に関し，受任日を含め6回にわたり費用や報酬として合計1,052,000円を受領しておきながら，平成30年9月12日に依頼者が苦情を申し立てるまで，業務の進捗状況の報告及び費用明細の提示を怠った。 　また，苦情受付日を含め3回，○○県行政書士会の役員（以下「役員」という）から依頼者に連絡するように指導され，了解したものの連絡をしなかった。 　10月15日に設けた役員が同席しての依頼者との話し合いの場で，被処分者が「11月には業務が完了するので，その際には明細を付けて費用も清算する」と約束を，12月が過ぎても守らず，何の成果物の提示も無いため，依頼者は平成31年1月に業務契約の解除を申し出た。同年3月，被処分者が契約時に預かった書類及び金員全額を返却し，契約の解除が完了した。 　これらの経緯から，業務を遂行する過程において，被処分者は報酬・費用の一部を事前に収受したものの，何ら合意的な理由もなくその業務を速やかに処理しなかったことや，依頼者に対する適切な説明・連絡の欠如が認められた。 　被処分者に対しては平成30年4月，同様の行為があったことを理由に3か月間の会員の権利停止の処分を行っており，このような行為を繰り返すことは行政書士とし	行書10 行書規6 ①・7

		て求められる資質を欠くものと断じざるを得ないが，被処分者が依頼者より受領した報酬あるいは預り金の全額を返済したこと等を鑑み，この処分内容とした。	
㊽	1年の会員権停止	被処分者は，依頼者から依頼された建設業許可申請を長期間放置した上，実際には申請をしていないにもかかわらず，建設事務所の収受印を偽造して許可申請書に押印し，あたかも真正に受理されたかのように装い，依頼者に損害を与えたとの苦情が○○県行政書士会に寄せられた。　　事務所調査及び聴聞の結果，上記行為は補助者の行為であると判明したが，このことを被処分者は全く了知していなかった。このことは，補助者の指揮命令及び監督を著しく欠いていると思料される。	行書10・13
㊾	3月の会員権停止	被処分者は，依頼者からの交通事故事案について，同人の賠償請求に関し，「伝言人」と称して，約半月の間に2回にわたり加害者の加入する保険会社に架電し，強い口調で保険会社が把握していない，これ以上治療をしても症状が改善しない「症状固定」後の医療費の支払いを要求した。　　上記行為は，弁護士法72条に抵触する非弁行為と認定せざるを得ないこと，また，保険会社との電話対応において，行政書士としての品位を損なう言動があったものと認められる。	行書10・13
㊿	廃業勧告	被処分者は，税理士でないにもかかわらず，依頼者から報酬を得て税務書類の作成を継続して行った。	行書1の2②・10　税理52
51	1月の業務停止	被処分者は，平成28年11月1日に○○入国管理局へ行った在留資格認定証明書交付申請について，自らの業務の遅延を糊塗する目的で，申請受理票の申請日及び「在留資格認定証明書不交付通知書」中の申請日を同年9月30日に改ざんし，当該在留資格認定証明書不交付通知書の結果通知日についても，平成29年3月13日であるところを同月30日に改ざんし，これらの写しを顧客に対して交付した。　　また，平成30年5月18日に○○入国管理局へ行った在留資格認定証明書交付申請について，自らの業務の遅延を糊塗する目的で，申請受付票の申請日及び入国審査官認証印の日付を同年4月20日に改ざんし，これを撮影し	行書9・10・13　行書規2の14①・10

		た電子画像ファイルを依頼者に対して送信した。このほか，被処分者の事務所に対して法に基づく立入検査を実施したところ，行政書士が備えるべき帳簿の不備，領収証の不交付及び事務所への表札の掲示義務に違反していることが認められた。	
㊲	訓告	被処分者は，平成28年９月に建設業決算変更届出及び大臣許可換え申請業務を受任し，報酬着手金及び申請費用を受領したものの，平成28年９月30日に○○県知事への決算変更届出のみを遂行し，大臣許可換え申請については平成28年９月から平成30年８月22日の解任まで業務遂行を怠った。 　また，被処分者は，業務遂行進捗の問い合わせに対して，業務遂行していないにもかかわらず，業務が順調に進捗をしている旨の虚偽の回答をし，加えて問い合わせに対して回答しないといった不誠実な対応を繰り返した。 　被処分者は平成30年９月４日に依頼者に報酬着手金及び申請費用を返金し，平成30年11月28日に賠償金額を支払った。このような行為は，行政書士の信用及び品位を害するものである。	行書10
㊳	訓告	被処分者が受任した不倫慰謝料請求に係る内容証明作成事件における以下の行為等が，行政書士法その他関係する○○県行政書士会会則に照らして不適切であると判断し処分する。 　１．被処分者が作成した「通告書」（以下「本件通告書」という）にある，夫の浮気相手との電話を録音したデータがあるとの記載は，事実に反する当該会員の虚偽記載であったこと。 　２．本件通告書に，夫の浮気相手が慰謝料の支払いや応答をしない場合には，その家族に連絡することを示唆する不当な記載を，被処分者の判断で行ったこと。 　３．本件通告書に対して虚偽の回答をすれば，刑法上の虚証罪に問われる可能性があるとの誤った知見を，被処分者の判断で記載したこと。	行書10・13
㊴	３月の会員権停止	被処分者は，依頼者から遺言書で指定された相続不動産につき，登記手続を依頼され，登記申請書を作成した。	行書１の２②・１の３①ただし書・10・13司法73①

(55)	2月の業務停止	被処分者は，平成24年6月11日付けで締結した交通事故被害者との委任契約において，弁護士資格がないのに，成功報酬を得る目的で，交通事故に係る損害賠償請求権を行使し，多額の賠償金の支払いを受けるように交渉し，行動した。 また，平成27年5月22日付けで締結した交通事故被害者との委任契約において，交通事故被害者に代理した保険会社への自動車損害賠償責任保険金の請求に留まらず，本来，交通事故被害者が受領すべき保険金を受領した。 さらに，被処分者は，これらの行為を通常の業務手順としており，本件以外においても複数の委任契約において，これらの行為を行っている。	行書1の2②・1の3①ただし書 弁護72
(56)	2月の業務停止	被処分者は，司法書士会に入会している司法書士ではなく，かつ法定の除外事由がないにもかかわらず，業として，依頼者からの依頼を受けて，平成26年1月頃から平成28年1月25日頃までの間，3回にわたり，株式会社設立に係る登記申請書を作成し，法務局又は地方法務局に提出し，司法書士業務を行った。 このことにより，平成28年2月17日に○○簡易裁判所から司法書士違反で罰金50万円の略式命令を受けた。	行書1の2② 司法73①
(57)	2年間の会員権停止	被処分者は，他人名義でキャバクラ店の営業許可を申請して無許可営業を手助けしたとして，平成29年10月27日，風営法の無許可営業幇助の疑いで逮捕された。その後，略式起訴により，50万円の罰金刑に処せられた。 被処分者の違反行為は，NHKの報道等を通じて広く周知された事などから，その行為は著しく行政書士の品位を貶めたといえる。	行書10
(58)	廃業勧告及び7年の会員権停止	被処分者は，依頼者から在留資格変更許可申請を受任し報酬を受領したが，当該申請を行わず，虚偽の経過報告をして依頼者を欺罔した。そのため，依頼者の在留期限が徒過し，入管法違反（不法残留）に至っている。 被処分者には他に3件の苦情申し立てがなされている。うち1件は本件同様，被処分者による不適切な対応及び虚偽の経過報告等により，依頼者が不法残留に至っており，申立人自身が新聞のコラムで被害を訴えている。 被処分者の上記行為は，重大な人権侵害であり，行政書士制度及び申請取次制度の根幹に関わる，決してあってはならない不当なものでる。	行書10

⑲	1年の会員権停止	被処分者は，行政書士として○○市在住のＡ氏から事件・事務を受託していないにもかかわらず同人の住民票を取得するために平成29年11月１日，職務上請求書を○○市役所に提出し不正に同人の住民票を取得したものである。 　また，被処分者は，職務上請求書の使用済み控え（２冊）を２年間保管することなく破棄処分したものである。	行書10・13 住基46② 職務上請求書13
⑳	9月の業務停止	被処分者は，在留資格変更許可申請手続に係る依頼を受け，実際には雇用契約がないにもかかわらず，同手続に必要である雇用契約書を作成し，○○入国管理局へ申請した。 　このことは，官公署に提出する書類作成等を業としている行政書士の信用を著しく失墜させる重大な非行である。また，本件に関して行政書士法に規定する帳簿への記載及び保管を怠った。	行書９・10

出典：『月刊日本行政』および各都道府県庁のホームページに掲載・公告された処分を参考に作成した。なお，個人の氏名等を伏せるなど一部改変した。

Ⅰ-1-2　処分事例を分析する

　処分の根拠を明らかにするために，「Ⅰ-1-1」で見た処分事例を行政書士法に基づいて分析してみる。

(1)　処分事例の分析

　処分事例（Ｐ７【図表３】）を行政書士法を基に分析した結果が次表である。まずは，この表をじっくりと眺めて欲しい。

【図表４】◆行政書士法で分類した処分事例

No.	事　実	該当番号	条　文
1	業際問題	⑨⑪⑫⑬⑭⑮⑯⑰⑱⑳ ㉖㉝㊱㊿(54)(55)(56)	行書１の２② 行書１の３①ただし書 弁護72 司法73① 弁理75 税理52
2	事務所	㉜	行書８②
3	帳簿の備付及び保存	⑧⑳㉔㉕㉟㊱㊳㊶(60)	行書９
4	行政書士の責務違反 （誠実履行義務違反 信用・品位確保義務違反）	①②③④⑤⑦⑧⑨⑩⑫ ⑯⑰⑲㉑㉒㉓㉕㉗㉘㉙ ㉚㉜㉞㉟㊱㊲㊳㊴㊵㊶ ㊷㊸㊹㊺㊻㊼㊽㊾㊿(52) (53)(54)(57)(58)(59)(60)	行書10
5	報酬の額の掲示等	㊳	行書10の２①
6	会則の遵守義務違反	②④⑤⑭⑳㉕㉖㉗㉙㊱ ㊷㊺㊻㊽㊾㊿(53)(54)(59)	行書13
7	他人による業務取扱の禁止違反	①㉛	行書規４
8	事務所の表示	(51)	行書規２の14①
9	業務の公正保持違反	㊼	行書規６①
10	業務の不当誘致	㉜㊺	行書規６②
11	業務取扱の順序及び迅速処理	⑥㊱㊹㊼	行書規７
12	書類等の作成	①②㉒㉞	行書規９①
13	領収書	①⑯㊲(51)	行書規10
14	住民票の不正請求	(59)	住基46②
15	職務上請求書の保管	⑲(59)	職務上請求書13

※　行政書士法14条（行政書士に対する処分）はすべての処分に係るため，「条文」の欄から除いた。

(2) 違反の構成

処分事例を分析した結果，次の2つが判明した。

① 被処分者は，処分事例の⑥㉔㉛の3例を除き，業際違反（行書1の2②・1の3①ただし書）と責務違反（行書10）の「2つの違反」の両方又はいずれかを行って処分されている。「2つの違反」が「典型的な処分事例60」に占める割合は実に95％である。

② 業際違反と責務違反以外のほとんどの行政書士法違反は，「2つの違反」に付随して発生もしくは発覚したものである。

この2点を意識して，【図表3】【図表4】をもう一度見て欲しい。

【図表5】◆違反の構成

行政書士が起こす違反 →	主の違反	+	付随する違反
	(1) 業際違反 （行書1の2②・1の3①ただし書）		・事務所（行書8②） ・帳簿の備付および保存（行書9） ・報酬額の掲示等（行書10の2①） ・会則の順守義務違反（行書13） ・他人による業務取扱の禁止（行書規4） ・事務所の表示（行書規2の14①） ・業務の公正保持違反（行書規6①） ・業務の不当誘致（行書規6②） ・業務取扱の順序及び迅速処理（行書規7） ・書類等の作成（行書規9①） ・領収書（行書規10）
	(2) 責務違反 （行書10）		
	(3) 業際違反 ＋責務違反		

| ここが実務の ポイント❶ | 「できないこと」を宣伝してはいけない |

　「行政書士が行政書士法で認められている業務」と「自分が対応できる業務」は違う。当然のことだが，広告に掲載する業務内容には「自分が対応できる業務」を掲載すること。

　ホームページやSNSを見た者は，そこに掲載された業務内容を「この行政書士に相談すれば速やかに問題を解決してくれる」と当然思う。

　万一，宣伝した内容の依頼を受けたにもかかわらず，業務を速やかに遂行できなければ，行政書士法10条（行政書士の責務），行政書士法施行規則6条2項（業務の公正保持）および同規則7条（業務取扱の順序及び迅速処理）違反に該当し，懲戒処分の対象となる。

第2章 「2つの違反」を知る

行政書士が引き起こす失敗のほとんどを占める「2つの違反」を詳しく見る。

I-2-1 「2つの違反」を知る

処分事例を行政書士法で分析した結果、ほとんどの処分は「業際」と「行政書士の責務」の「2つの違反」に集約できることが判明した。そこで、ここでは「2つの違反」について詳しく見る。

(1) 業際違反（行書1の2②・1の3①ただし書）

行政書士は、他人の依頼を受け報酬を得て、官公署に提出する書類その他権利義務または事実証明に関する書類の作成および許可申請の代理を業とすることができる。しかし、これらは無制限に行うことは当然ながらできない。行政書士法1条の2第2項及び1条の3第1項ただし書により制限を受ける。このように他士業との業務範囲の際を"業際"といい、士業間の業際を越えて他士業の独占業務を業として違法に行うことを"業際違反"という。以下、業際について概要を掲示する。

なお、業際は行政書士法と他士業法が関係するため難解である。『コンメンタール』や判例並びに行政書士会に登録（行書6）後に、行政書士会が実施する研修会等で研究すること。また、実務で業際違反に該当するような場面に直面したら、所属行政書士会もしくはアドバイザーに業務遂行の是非を相談することも必要である。

①　他士業法による書類作成業務の制限

　行政書士は，他人の依頼を受け報酬を得て，官公署に提出する書類その他権利義務または事実証明に関する書類（実地調査に基づく図面類を含む）を作成することを業とする（行書1の2②）。

　しかし，いかに官公署提出書類や権利義務・事実証明書類の作成であっても，他士業法により「他の専門士業者の専管独占」とされているものは，行政書士法1条の2第2項にいう「他の法律において制限されているもの」に該当し，行政書士として合法には業と為し得ない（引用：『コンメンタール』P31・32）。

【図表6】◆官公署提出書類や権利義務・事実証明書類の作成であっても，他士業法により他の専門士業者の専管独占とされているもの

No.	書　　　類	独占する士業
①	「法律事件」である訴訟・調停に関して代理人として作成する書類	代理人弁護士の原則的な独占業務（弁護72本文・77）
②	「裁判所」提出書類（家庭裁判所あて調停申立書），「検察庁」提出書類（告訴・告発状など），法務局・地方法務局あての提出書類（特に登記申請書）	司法書士の専管独占業務（司法73①・3①一〜五・78①，弁護士との一部共管を別として）
③	「租税」に関する申告書等の税務書類（ただし，行政書士業務に属する税目及び印紙税・登録免許税・関税・法定外地方税等を除く）	税理士の専管独占業務（税理2①二・52・59①三）
④	労働・社会保険諸法令に基づく申請・届出書，審査請求書等や帳簿書類	社会保険労務士の原則的な独占業務（社保2①一・二・27・32の2①六）
⑤	特許庁への出願書類・異議申立書等および経済産業大臣への裁定請求書	弁理士の専管独占業務（弁理75・79）
⑥	国土交通省・法務局等や自治体に対する，船舶・港湾・海運関係法令に基づく申請・届出・登記に関する書類	海事代理士の専管独占業務（海事1・17・27）
⑦	一定種類・規模の建設設計書	1級または2級建築士の専管独占業務（建築3・3の2・3の3・38）
⑧	不動産表示登記の申請書・調査測量図書作成	土地家屋調査士の専管独占業務（土地3・64・68①・73①）

参考：『コンメンタール』P31・32

② 他士業法による許可申請代理業務の制限

　行政書士は，他人の依頼を受け報酬を得て，「官公署に提出する書類」を官公署に提出する手続および「当該官公署に提出する書類」に係る許認可等に関して行われる聴聞または弁明の機会の付与の手続その他の意見陳述のための手続において官公署に対してする行為について代理することを業とすることができる（行書1の2①前段・1の3①一）。

　また，これらの書類の作成について相談に応ずることを業とすることができる（行書1の2①前段・1の3①四）。ただし，他の法律においてその業務を行うことが制限されている事項については，この限りでない（行書1の3①ただし書）。

③ 民事法関係の代理業務の制限

　行政書士は，行政書士が作成することができる契約その他に関する書類を代理人として作成することを業とすることができる（行書1の2①後段・1の3①三）。また，行政書士が作成することができるこれらの書類の作成について相談に応ずることを業とすることができる（行書1の2①後段・1の3①四）。

　ただし，他の法律においてその業務を行うことが制限されている事項については，この限りでない（行書1の3①ただし書）。

　民事法関係の代理業務の制限は，弁護士法72条（非弁護士の法律事務の取扱い等の禁止）(注3)にいう「法的紛争の『法律事件』における代理は，行政書士業務たりえない」との限界を十分に意識して解釈しなければならない（『コンメンタール』P50）。

（注3）　弁護士法72条（非弁護士の法律事務の取扱い等の禁止）
　弁護士又は弁護士法人でない者は，報酬を得る目的で訴訟事件，非訟事件及び審査請求，異議申立て，再審査請求等行政庁に対する不服申立事件その他一般の法律事件に関して鑑定，代理，仲裁若しくは和解その他の法律事務を取り扱い，又はこれらの周旋をすることを業とすることができない。ただし，この法律又は他の法律に別段の定めがある場合は，この限りでない。

　以下，民事法関係の代理業務に関して『コンメンタール』が挙げている事例及び判例を紹介する。

「新13版　行政書士法コンメンタール」（兼子仁著，北樹出版P50・51）

　たとえば交通事故示談にあって，加害者側が事故責任を頑なに否認しているのに対して，代理人として責任追及的に交渉し賠償金を一方的に請求することは，裁判所での民事紛争「調停」（民事調停法2条・33条の2）の代理と同質的なので弁護士業務に属しよう。

　それに対し事故責任を結局自認する加害者と過失割合や賠償金等の"話し合い・協議"を被害者から受任した範囲で代理し，合意の示談書をまとめて自賠責保険支払請求につなげることは，行政書士の合法的な契約締結代理業務に当ろう。

　また，遺産分割協議においても，相続人間に調停・訴訟の因をなす紛争状態があれば行政書士は代理介入できないが，助言説得を含めて相続人間の合意形成をリードし，分割協議をまとめる代理行為は合法であって（同旨，東京地判平5［1993］・4・22判タ829号227頁），そうした場合，両当事者や複数当事者の代理を務めて契約書・協議書を作成することも民法108条の双方代理禁止に触れないものと解されよう。なお，内容証明郵便の代理送付の可否は，文書内容による。

---

(2)　行政書士の責務違反（行書10）

　行政書士法10条は，「行政書士の責務」として，「行政書士は，誠実にその業務を行うとともに，行政書士の信用又は品位を害するような行為をしてはならない」と規定している。

　このように，本条は行政書士が全うすべき職業倫理について規定している。しかし本条は，たんなる道徳規範ではなく，本条にいう「業務・行動上の誠実・信用・品位確保の責務」は，行政書士法全体において次表のように法制度的担保を付されているといえる。

【図表7】◆行政書士法10条を担保する規定

No.	法制度的担保	条　文
①	日行連による登録許否審査の基準	行書6の2②二
②	日行連会則の定め	行書18②・18の2一
③	各行政書士会の会則規定と会員指導	行書15②・16五
④	登録申請時の日行連に対する意見進達	日行連会則41・42
⑤	都道府県知事の行政書士「懲戒処分」権	行書14
⑥	一般国民からの行政書士懲戒請求	行書14の3①・②

参考：『コンメンタール』P 106

　また，本条が定める行政書士法の職業倫理責務の内訳で，法令規定化されているものは，次表のとおりである。

【図表8】◆行政書士法の職業倫理責務で法令規定化されているもの

責務の区分	No.	内　容	条　文	罰　則
業務上の誠実・信用確保の責務	①	事務所での報酬額掲示義務	・行書10の2① ・行書規3①	
	②	依頼に応ずる義務	・行書11 ・行書規8	行書23①
	③	秘密を守る義務	・行書12	行書22
	④	依頼順迅速処理	・行書規7	
	⑤	依頼に沿う枚数の書類作成	・行書規9①・②	
	⑥	帳簿記帳義務	・行書9	行書23①
	⑦	業務他人任せの禁止	・行書規4	
行動面での品位保持責務	⑧	不正不当な業務依頼誘致の禁止	・行書規6②	
	⑨	親切丁寧な応接	・行書規6①	
	⑩	「品位保持」を定めた日行連・行政書士会則の遵守	・行書16五 ・行書16の6 ・行書18の2一 ・日行連会則58	

参考：『コンメンタール』P 107

Column 1
行政書士が受ける相談の内容は「強い責任」が伴う

　行政書士が受ける相談には次のようなものがある。

・遺言書作成では，死後の意思の実現について
・相続手続では，相続財産の速やかな継承について
・許可の取得では，新規事業の開始について
・入管手続では，外国人の採用について

　以上の相談を受任した行政書士がしくじると，依頼者は次のような不利益を被る。

・遺言作成業務でしくじると，死後に意思が実現できない（遺言執行ができない）
・相続手続業務でしくじると，相続人が遺産を承継できない
・許可手続業務でしくじると，許可を得られず新規事業を開始できない
・入管手続業務でしくじると，優秀な人材（外国人）を獲得できない

　このように，行政書士が受ける相談は人生設計や会社経営に直結する強い責任を伴うものである。このことを肝に銘じて開業準備に取り組まなければならない。それを怠ると職業意識の低さが注意力の低下を招き失敗しやすくなる。

失敗の「9つの要因」が業務に及ぼす影響

「9つの失敗要因」が「2つの違反」を引き起こす

第Ⅰ部で明らかになった「２つの違反」(「業際」と「行政書士の責務」違反)は,行政書士が「他の法律において制限されているものについて」業を行った,または「誠実に業務」を行わず「行政書士の信用又は品位を害するような行為」を行った結果である。

　「業際違反」は行政書士法の知識不足に起因する。一方,「責務違反」は行政書士法の知識不足もあるが,そのほとんどが業務遅滞(受任した案件を速やかに遂行できなかった)に起因する。

　そこで第Ⅱ部では,「行政書士法の知識不足」と「業務遅滞」を引き起こす要因(「９つの失敗要因」)を筆者の経験を基に明示する。
　この「９つの失敗要因」は,「２つの違反」の他にも報酬請求や集客など事務所経営にも悪影響を及ぼす。

　読者は,本部で「９つの失敗要因」が行政書士業務と事務所経営に及ぼす影響を理解できる。この影響を“開業前に知る”ことが,開業で失敗しない礎となる。

　なお,「失敗しないための準備」の方法については,第Ⅲ部と第Ⅳ部で詳説する。

【図表9】◆第Ⅱ部の流れ（失敗の構成図）

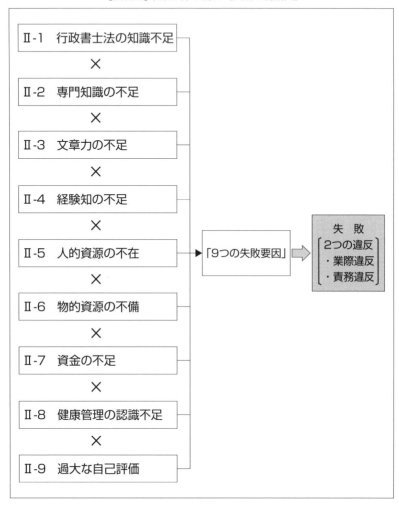

▎Ⅱ-1　行政書士法の知識不足

　2006（平成18）年度の試験科目から行政書士法が除かれた。これにより，ほとんどの者が行政書士法の存在さえ知らずに開業する事態に陥ってしまった。

　行政書士法を理解しないで開業するということは，「内容や決まりごとを知らない職業を選択する」ということを意味する。

　行政書士法の内容を十分に理解すれば，業務範囲と責務が明確になるので自信を持って業務に取り組める。一方，理解不足だと法で禁止されている他士業の業務や責務に反することを行うなどして依頼者との間にトラブルを発生させたり行政書士法に基づいて処分されたりする危険性が高くなる。

　このように，行政書士法はその理解度によって「自分を利するもの」にもなれば，「自分を罰するもの」にもなるのだ。そして，行政書士法の知識不足は，次の(1)～(3)の事態を引き起こす要因になる。

(1)　職業倫理の欠如

　不誠実な対応や信用・品位に欠ける行動を誘発して行政書士の責務違反（行書10）を引き起こす。

(2)　違法行為を行う（業際違反に該当する行為）

①　他の法律においてその業務を行うことを制限されている「官公署に提出する書類その他権利義務または事実証明に関する書類」の作成（行書1の2②）を行う。

②　他の法律においてその業務を行うことを制限されている次のイ）～ニ）の行為を行う。

　イ）行政書士法1条の2の規定により行政書士が作成することができる以外の官公署に提出する書類を，官公署に提出する手続および当該官公署に提出する書類に係る許認可等に関して行われる聴聞または弁明の機会の付与の手続その他の意見陳述のための手続において当該官公署に対してする行為について代理すること（行書1の3①一）。

　ロ）行政書士法1条の2の規定により行政書士が作成することができる以外の官公署に提出する書類に係る許認可等に関する審査請求，再調査の請求，再審査請求等行政庁に対する不服申立ての手続について代理し，

およびその手続について官公署に提出する書類を作成すること（行書1の3①二）。

ハ）行政書士法1条の2の規定により行政書士が作成することができる以外の契約その他に関する書類を代理人として作成すること（行書1の3①三）。

ニ）行政書士法1条の2の規定により行政書士が作成することができる以外の書類の作成について相談に応ずること（行書1の3①四）。

(3)　義務の不履行

行政書士法で義務とされている次のことを行わない。

・帳簿を備え，これに規定事項を記載する（行書9①）
・事務所の見やすい場所に報酬額を掲示する（行書10の2①）
・正当な理由がなく，業務事項に関する秘密を漏洩しない（行書12）

【図表10】◆行政書士法の知識不足が業務に及ぼす影響

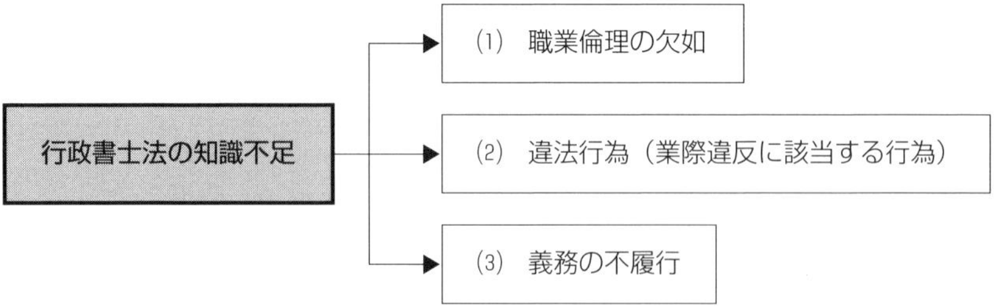

行政書士の知識不足
→ (1)　職業倫理の欠如
→ (2)　違法行為（業際違反に該当する行為）
→ (3)　義務の不履行

Ⅱ-2　専門知識の不足

行政書士は，その誕生の歴史から「分野不特定の法律系国家資格者」と定義できる（詳しくは，『そうだったのか！』参照）。分野不特定のため業務範囲は広範であるが，「なんでもやります」という者にはふつう依頼はしない。「私の専門分野は○○です」と言い切れる程度の専門知識を有しないと信用を得られず受

任は困難である。

　専門知識とは，「論理」と「経験知」に裏付けられた，通常では習得するのが困難なレベルの実践的な知識をいう。そして，依頼者は行政書士の専門知識を「報酬」という形で評価する。

　また，専門家とは，依頼者の先の見えない切実な悩みを，自らの専門知識で速やかに解決できる者をいう。

　専門知識の不足は業務に次のような影響を及ぼす。

(1)　集客できても受任できない（低い受任率）

　たとえ "営業努力" が功を奏して集客できたとしても，面談（相談者とのファーストコンタクトの場。P109参照）で相談者が満足するパフォーマンス（問題解決までの道筋であるロードマップを示す等）ができない。当然，相談者はそのような "頼りない者" に依頼しない。

(2)　受任できても「満足行く報酬」を得られない

　運よく受任できても，業務を俯瞰できない（業務着手から完了までの過程がイメージできない）ため，業務の難易度と業務に費やす時間（業務量）を見積もれない。そのため，業務の難易度と業務量に応じた「適正価格」（P76参照）を算出できない。

　また，業務遂行の自信がないので適正価格を下回る "安い" 見積を出してしまう。加えて，相談者から自信の無さを見透かされて値切られてしまい，その要求に簡単に屈してしまう。

　以上の結果，業務の難易度と業務量に相応した「満足行く報酬」を得ることができない。

(3)　業務遅滞を引き起こす

　専門知識が乏しいため，わからないことが次々に押し寄せてくる。そのため，その都度官公署，アドバイザー・パートナー（P80・82参照）に問い合わせした

り，書籍・インターネット等で調べたりしなければならない。加えてロードマップが描けないため段取りが悪く効率よく業務を遂行できない。そのため業務遅滞を引き起こしてしまう。

⑷　クレームを付けられる

業務遅滞が原因で相談者からクレームを付けられる。よくあるクレーム発生のパターンは次のとおりである。

> ①　業務の進行に不安を感じた依頼者から業務の進行状況の問い合わせが入る。
>
>
>
> ②　しかし，行政書士は混乱してパニック状態に陥り即答できない。
>
>
>
> ③　相談者は業を煮やして「いったいどうなっているのだ！」と行政書士にクレームを付ける。

⑸　違法行為を行う

不本意な報酬に甘んじ続けたり，業務遅滞を引き起こしてしまったりした者の中には，次のような責務違反や違法行為を行ってしまう者もいる。

①　違法な案件を受任してしまう

専門知識が欠如しているために低い受任率と不本位な報酬に甘んじてしまう。そのため事務所の経営が悪化してしまう。そして売上に目がくらんで，不正行為（戸籍謄本の不正請求や不法就労の助長等）をそそのかす者の誘いに乗ってしまい，違法行為に加担してしまう。

②　問題を隠蔽する

業務遅滞を起こしてしまい，更新許可の締切日まで申請を行うことができず，

依頼者からの進捗の問い合わせに嘘をついてごまかそうとしたり，問い合わせを無視したりする。中には，許可証を偽造して依頼者に交付する者もいる（当然すぐに発覚する）。

⑹ 「負のスパイラル」に陥る

　以上見てきたように，専門性が低いと受任するのは困難である。運よく受任できても安い報酬で受けてしまう。そして，業務遅滞でクレームを付けられる。その結果，経営難になる。違法行為に加担する……。

　このように，専門知識の欠如は「負のスパイラル」に陥る原因になる。

【図表11】◆専門知識の欠如が及ぼす影響

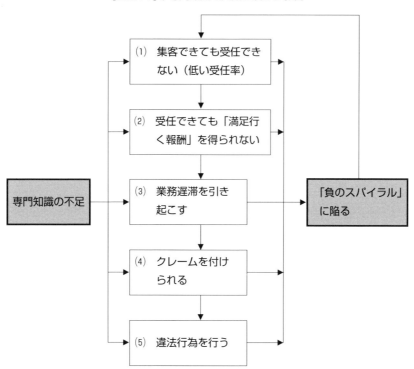

Column 2

セミプロ化する相談者

　相談者は，自らが抱えている問題をインターネットや書籍等で調べて，まずは自分で解決しようと試みる。それでも解決できないから「専門家」である行政書士に相談するのである。

　開業を目指す者に対して「受任してから勉強すればよい」という行政書士がいる。しかし，その考えはインターネットが普及していなかったひと昔前なら通用したかもしれない。今は専門知識がなければ当然受任できない。なぜなら，相談者は，行政書士の面前に現われた時には既にある程度の知識を備えて "セミプロ化" しているからだ。

　面談で，「インターネットで検索できる程度の知識」で回答できるレベルの質問に即答できなければ，相談者から「センセイ，勉強頑張ってください」となるのが落ちである。当然，そのようなセンセイに依頼する者はまずいない。

Ⅱ-3　文章力の不足

　文章力とは，文章で自らの意思を第三者に的確に伝えられる能力をいう。

　文章力が優れていると，相手に意思を正確に伝えることができる。だから業務を速やかに遂行できる。

　文章力の不足は業務に次のような影響を及ぼす。

(1)　業務が遅滞する

　依頼者に送付（送信）した文章について，依頼者から内容の問い合わせの電話やメールが着てしまう。文章力があれば一度のやり取りで済むことが，二度三度としなければならなくなる。その結果，業務が遅滞してしまう。

(2)　依頼者の誤解を生む

　文章が稚拙なため文意が相手に正確に伝わらない。その結果，行政書士と依頼者の間に誤解が生じてしまう。

(3)　クレームを付けられる

　文章力の不足が一因となって業務遅滞や誤解が発生して，依頼者からクレームを付けられてしまう。

(4)　集客できない

　文章力の乏しい文書はインテリジェンスを感じさせない。だから，そのような文書（ホームページ・挨拶状・パンフレット・チラシ等）を見せてしまうと，ふつう「依頼したい」と思われない。

【図表12】◆文章力の不足が業務に及ぼす影響

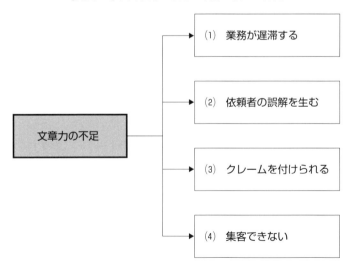

■ Ⅱ-4　経験知の不足

　経験知とは，実務経験を通して得られる実践的な知識である。経験知の不足は，「相談者・依頼者」「報酬」および「業務手順」に次のような影響を及ぼす。

(1)　「相談者・依頼者」に及ぼす影響

　相談者とは，自らが抱える切実な悩みを解決するため，または自らの希望を実現するために専門家に相談し，その代償として専門家に金員（報酬）を支払う意思のある者をいう。

　また，依頼者とは，自らが抱える切実な悩みを解決または希望を実現することを専門家に託し（依頼し），その代償として専門家に金員（報酬）を支払うことを専門家と契約した者のことをいう。

　経験知の不足は相談者・依頼者に対して次のような影響を及ぼす。

①　状況判断ができない

　相談者の状況を面談で瞬時に判断できないので，相談者に適した対応ができない。

②　知識不足を露呈する

　面談前に相談者像をイメージできないため，十分な準備をしてから面談に臨めない。そのため，相談者からの「基本書に掲載されている程度」の質問に答えられない等で知識不足を露呈してしまう。

③　相談者を不安にさせる

　相談者が自分（行政書士）に何を求めているのか理解できない。そのため，過剰に腰が低い対応をするなどして相談者を不安にさせてしまう（P 65【Column 9】参照）。

Column 3

一見さんに気をつけろ！　狙われる新人行政書士

　日本行政書士会連合会のホームページに「行政書士会員検索」というサイトがある。そこからだれでも会員（行政書士）の「登録年月日」を見ることができる（つまり，開業歴がわかる）。開業すると書籍の購入やホームページの制作などの営業が来るのはこのためである。

　中には，その情報を利用して新入会員をそそのかして戸籍謄本等の個人情報を不正に入手しようとする者がいる。

　世の中「おいしい話」はまずない。見知らぬ者から問い合わせや依頼がきたら自分に連絡した理由を尋ねる等用心するに越したことはない。

---

(2)　「報酬」に及ぼす影響

　報酬とは，依頼者が専門家の専門知識・経験知および業務遂行能力に対する評価の証として専門家に支払う金員のことをいう。

　経験知の不足は報酬に対して次のような影響を及ぼす。

①　適正価格を提示できない

　費用の妥当な算出方法がわからないため，自分が満足できて，なおかつ相談者が納得する価格（満足行く報酬）を提示できない。せいぜい，同業者のホームページや日行連が公表している「報酬額の統計」(注4)を参考にして見積をする程度である。

【図表13】◆2020（令和2）年度報酬額統計調査の結果　　（単位：円）

※金額には消費税を含み，立替金は含まない。

No.	業 務 内 容	平　均	最小値	最大値	最頻値
①	建設業許可申請（個人・新規）知事	120,458	20,000	346,500	100,000
②	宅地建物取引業者免許申請（新規）知事	112,535	30,000	300,000	100,000

③	無人航空機の飛行に関する承認申請	47,625	20,000	88,000	―
④	一般貨物自動車運送業経営許可申請	449,516	20,000	1,000,000	400,000
⑤	飲食店営業許可申請	47,251	10,000	200,000	50,000
⑥	深夜酒類提供飲食店営業開始届	87,628	6,600	280,000	100,000
⑦	風俗営業許可申請（1号・社交飲食店・料理店）	164,731	20,000	320,000	200,000
⑧	風俗営業許可申請（4号・マージャン店・パチンコ店等）	241,735	45,000	1,100,000	150,000
⑨	風俗営業許可申請（5号・ゲームセンター等）	220,952	50,000	500,000	150,000
⑩	古物商許可申請	53,585	10,000	440,000	50,000
⑪	産業廃棄物収集運搬業許可申請（積替保管を除く）	111,643	25,000	260,000	110,000
⑫	帰化許可申請（簡易帰化）	172,167	40,000	500,000	150,000
⑬	在留資格認定証明書交付申請（就労資格）	113,881	10,000	300,000	100,000
⑭	永住許可申請	131,527	20,000	450,000	100,000
⑮	会社設立手続	93,878	3,000	500,000	100,000
⑯	遺言書の起案及び作成指導	68,727	3,000	550,000	50,000
⑰	遺産分割協議書の作成	68,325	3,000	1,180,000	50,000
⑱	相続人及び相続財産の調査	63,747	1,100	1,630,000	50,000
⑲	遺言執行手続	384,504	10,000	500,000	300,000
⑳	離婚協議書作成	57,624	5,500	800,000	50,000

（注4）　行政書士は，業務を行ったときに受ける報酬額を事務所の見やすい場所に掲示しなければならない（行書10の2①）。

日本行政書士会連合会は，報酬額について，依頼者の選択および行政書士の業務の利便に資するため，行政書士法10条の2第2項に基づき，5年に1度全国的な報酬額統計調査を実施してホームページで公表している。

②　「付け値」で仕事を受ける

価格に根拠がないので，相談者に「高い」と言われると，言われたまま安易

に値下げしてしまう。

③　入金まで長期にわたる

　請求書を出すタイミングが悪いため，入金までかなりの日数を要してしまう。その結果，資金繰りが困難になる。

(3) 「業務手順」に及ぼす影響

　業務手順とは，業務を速やかに遂行するために，可能な限り "無駄な動き" を排除した段取りのことをいう。

　経験知の不足は業務手順に対して次のような影響を及ぼす。

①　業務が遅滞する

　段取りが悪いので業務が遅滞する。

②　依頼者とトラブルになる

　依頼者の「問題を速やかに解決するために（わざわざお金を払ってまでして）依頼した」という期待を裏切る。その結果，依頼者からクレームを付けられてトラブルになる。

　以上，経験知の不足が業務に及ぼす影響をまとめると，次表のようになる。

【図表14】◆経験知の不足が業務に及ぼす影響

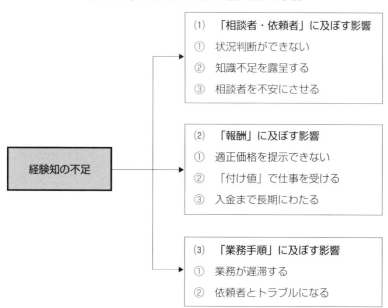

Ⅱ-5　人的資源の不在

　開業には「アドバイザー」「パートナー」そして「見込み客」の以上3つの人的資源（業務遂行および事務所の維持に欠かせない者）が必要である。

　「アドバイザー」とは，自分の「経験知」を補ってくれる特定の業務に実績豊富で精通している同業者（行政書士）のことをいう。

　「パートナー」とは，受任案件を完遂するにあたり，「他の法律において制限されている官公署に提出する書類の作成」（行書1の2②），または「他の法律において業務を行うことを制限されている事項」（行書1の3①ただし書）の業務が発生した場合，その業務を自分（行政書士）に代わって行ってくれる者

のことをいう。つまり，「業際違反を回避して速やかに業務を完遂してくれる
者」でもある。一般的に，司法書士・税理士・弁護士そして社会保険労務士が
該当する。

　「見込み客」とは，開業後に相談や依頼を受ける見込がある者（相談者や依頼
者になる見込がある者）のことをいう。

　「アドバイザー」「パートナー」そして「見込み客」の不在は，それぞれ次の
ような影響を業務に及ぼす。

(1)　「アドバイザー」の不在が業務に及ぼす影響

①　受任が困難になる

　引合い（P106参照）で得た情報を基に，相談者との面談前にアドバイザーに
相談することで，的を射た面談ができる。しかし，アドバイザーが不在だとそ
れができない。そのため，説得力に乏しい的外れな面談になってしまう。その
結果，相談者は行政書士に対して頼りなさを感じて受任が困難になってしまう。

②　業務遅滞が生じる

　段取りが悪いため業務が遅滞してしまう。

③　依頼者とトラブルになる

　「Ⅱ－4－(3)②」（P45参照）と同様な理由で，依頼者からクレームを付けら
れてトラブルになる。

(2)　「パートナー」の不在が業務に及ぼす影響

　依頼を完遂するために登記・納税等の「他の法律において制限されている
業務」（行書1の2②または行書1の3①ただし書）を行う必要性が生じたときに，
すぐにその業務を任せられる者がいないので，業務を速やかに遂行できない。

⑶　「見込み客」の不在が業務に及ぼす影響

①　非効率な営業活動を強いられる

当てがないために，無闇にSNSで情報を流したり，チラシを配布したり，テレアポをかけるなど，"下手な鉄砲"を打ちまくる非効率な営業を強いられる。なお，下手な鉄砲は数を撃ってもまず当たらない。

②　引合いがなかなか来ない

手当たり次第の営業のため，相手の関心は当然薄い。結果，引合いはまず来ない。

③　資金難に陥る

営業しても受任に至らないため売上が立たない。そのため営業に費やしたコスト（チラシ代・電話料金・交通費等）を回収できない。結果として資金難に陥る。

④　先行き不安にさいなまれる

見込み客がいない（少ない）ことは，売上の見込がない（少ない）ことを意味する。また，将来の展望も描きにくく先行き不安にさいなまれる。

以上，人的資源の不在が業務に及ぼす影響をまとめると，次表のようになる。

【図表15】◆人的資源の不在が業務に及ぼす影響

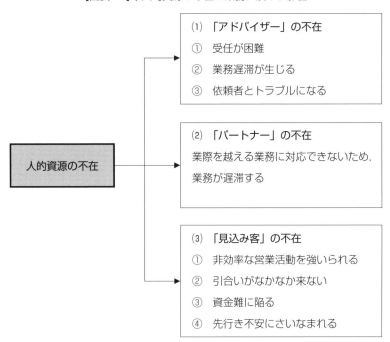

人的資源の不在

(1)　「アドバイザー」の不在
①　受任が困難
②　業務遅滞が生じる
③　依頼者とトラブルになる

(2)　「パートナー」の不在
業際を越える業務に対応できないため，
業務が遅滞する

(3)　「見込み客」の不在
①　非効率な営業活動を強いられる
②　引合いがなかなか来ない
③　資金難に陥る
④　先行き不安にさいなまれる

Ⅱ-6　物的資源（「事務所」「事務機」）の不備

　物的資源とは，業務を速やかに完遂するための環境・ツールである。開業に必要な代表的な物的資源として事務所と事務機がある。

　事務所とは「行政書士の業務を公正に社会的責任をもって遂行する施設設備的拠点」（『コンメンタール』P 104参照）である。そのため法は「行政書士は，その業務を行うための事務所を設けなければならない」（行書8①）とし，事務所の設置を義務付けている。

　事務機とはコピー機，パソコンなどの業務を迅速・正確に遂行するためのツールである。物的資源の不備は次のような影響を業務に及ぼす。

(1) 「事務所」の不備が業務に及ぼす影響（行書8）

① 受任率が低下する

　不備な事務所を見た相談者は「（このような粗末な事務所の行政書士に）任せて本当に大丈夫なのか」と不安になり依頼を躊躇する。結果として，受任率が低くなる。

② 法人からの受任が困難

　ほとんどの法人担当者は，依頼する前に事務所に来る。事務所の様子を「依頼する・しない」の判断材料の一つにしているからだ。したがって，不備な事務所は，担当者を不安にさせてしまうので法人からの受任を困難にする。

(2) 「事務機」の不備が業務に及ぼす影響

① 業務が遅滞する

　事務機器の不具合が原因で業務が中断し，業務延滞を引き起こす。

② ストレスがたまる

　思うように業務が進捗しなくてストレスがたまる。

【図表16】◆物的資源の不備が業務に及ぼす影響

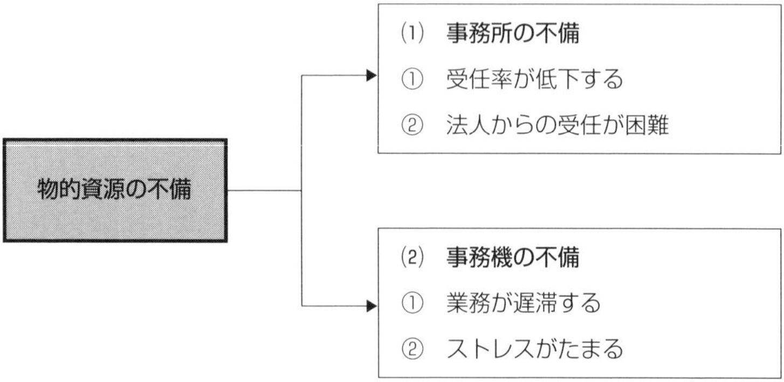

▌Ⅱ-7　資金の不足

　資金とは，日常生活の維持を前提として，経営を安定的・継続的に行うために充当できるお金のことをいう。資金不足は次のような影響を業務に及ぼす。

(1)　ケアレスミスを犯す

　将来や生活への不安が焦りを誘い，業務への集中力を落す。その結果，不注意によるミスを犯してしまう。

(2)　「貧乏暇なし」になる

　お金が欲しいため，安易に金額を下げて仕事を取りにいく。その結果，忙しいが儲からない「貧乏暇なし」の状況に陥る。

(3)　違法行為を犯す

　目先のお金に目がくらんで，違法行為（職務上請求書の不正使用等）を犯してしまう（P43【Column 3】参照）。

【図表17】◆資金不足が業務に及ぼす影響

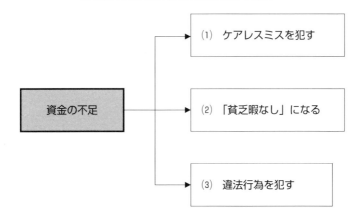

Column 4

家族の賛成を得る

　開業の方針と計画を家族に伝えてみる。ほとんどの者は「行政書士って何をするの？」「食べていけるの？」と疑問や不安を口にするだろう。「開業を止めて欲しい」とあからさまに反対されるかもしれない。

　しかし，「自分がこんなに真剣に考えているのになんてことを言うのだ。何が何でも開業してみせるぞ！」と意固地になってはいけない。家族の言葉は世間一般の声なのである（予備校や開業コンサルタントは，仕事上"明るい行政書士の未来"を唱えるが，それは世間から見れば少数意見である）。

　家族の声に謙虚に耳を傾けよう。そして，家族が開業に賛成してくれるような「ストーリー」を描けられるようにしっかりと準備をしよう。家族に賛成を得ることは，開業の条件のひとつと言ってよい。

　なお，家族が納得しない内に開業してしまうと家庭崩壊につながりかねない。そうならないように十分注意して欲しい。

Ⅱ-8　健康管理の認識不足

　ごく一部の行政書士法人の社員を除き，行政書士のほとんどは個人事業主である（P 53「図表18」参照）。個人事業主は「自分が売り物」なのである。

　健康管理の認識が不足していると，日頃の体調管理が行き届かなくて体調を崩しやすくなる。

　相談者は心身のコンディションが優れない者にふつう依頼しない。「体調不良で業務の進行が遅れたり，完遂できないのではないか」と不安を抱くからである。

　実際，自分が動かないと業務は1ミリたりとも進まない。誰も代わって業務を行ってくれないのだ。「体調不良のため，（許可の）更新期限に間に合いませ

んでした」では済まされない。もし，そうなったら損害賠償や懲戒処分が待ち受けている。

【図表18】◆登録者数の個人・法人社員別内訳（2023年10月末日現在）

個人／法人社員	男(人)	女(人)	合計(人)	構成比(%)
個人事務所開業	41,295	7,436	48,731	93.7
行政書士法人社員（使用人行政書士含む）	2,444	840	3,284	6.3
	43,739	8,276	52,015	100.00

参考：『月刊日本行政』（日本行政書士会連合会，2023年12月号）

【図表19】◆健康管理の認識不足が業務に及ぼす影響

健康管理の認識不足 → 体調管理が行き届かない → 体調不良 → ・業務遅滞 ・業務中断

体調管理が行き届かない → ・受任率ダウン ・休業

・業務遅滞 ・業務中断 → ・損害賠償 ・懲戒処分

Ⅱ-9　過大な自己評価

　合格後の高揚感が冷めやらぬ内に，己の力を根拠もなく過大評価して準備不足の状態で開業して集客に走る者が後を絶たない。すると「集客できても受任できない」「受任できても（業務遅滞等で）トラブルを起こす」といった〝負のスパイラル〟（P39参照）に陥りやすくなる。

　行政書士試験の合格は，国が合格者を「行政書士業務を行うための素養がある」と認めた証に過ぎない。行政書士試験の内容は，業務を速やかに遂行するために必要な「失敗しない体制」（「第Ⅲ部」参照）と「実務脳」（「第Ⅳ部」参照）の有無や程度を判定する試験ではないからだ。

　このことを理解しないで「準備」を怠って開業すれば，"負のスパイラル"に陥るのは必然の結果である。

【図表20】◆過大な自己評価が業務に及ぼす影響

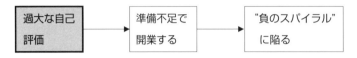

Column 5

開業前に"廃業基準"を決める

　山頂目前の下山やマラソンの途中棄権など，"負の選択"をするのは難しい。なぜなら，「もう少し続けたら何とかなる」といった「淡い期待」があるからだ。

　しかし，負の選択をするタイミングを誤ると，心身の健康や場合によっては生死に関わる重大な問題につながることがある。

　同様なことは行政書士の開業にもいえる。そこで，開業時に"廃業基準"を決めることを勧める。たとえば，「貯蓄が〇万円を切ったら廃業する」「仕事が原因で家族と喧嘩が絶えないようになったら廃業する」などである。廃業基準を決めておけば，傷を深くせずに再チャレンジできる。

　"想定内の廃業"は失敗ではない。計画の内である。「あきらめたらおしまい」といった「廃業」イコール「失敗」という考え方は，狭量で短絡的と言わざるをえない。

　さて，Ⅲ部に進む前に，以上見てきた失敗の「9つの要因」を念頭に置いて，今一度「典型的な処分事例60」（P7）を読み返して欲しい。

　「9つの失敗要因」が，それぞれの処分を誘因しているのがイメージできるはずだ。

第**III**部

「失敗しない体制」を確立する
（開業準備その１）

開業前に「9つの失敗要因」を補完する

第Ⅱ部で,「9つの失敗要因」が行政書士の失敗のほとんどを占める「2つの違反」を引き起こすことを説明した。

　つまり,「2つの違反」(すなわち失敗)を回避するには,失敗を導く「9つの失敗要因」を開業前に補完すればよいのである。

　そこで第Ⅲ部では,「9つの失敗要因」をそれぞれ開業前に補完(または,確保・維持)して,「失敗しない体制」を確立する方法を開示する。

【図表21】◆第Ⅲ部の流れ

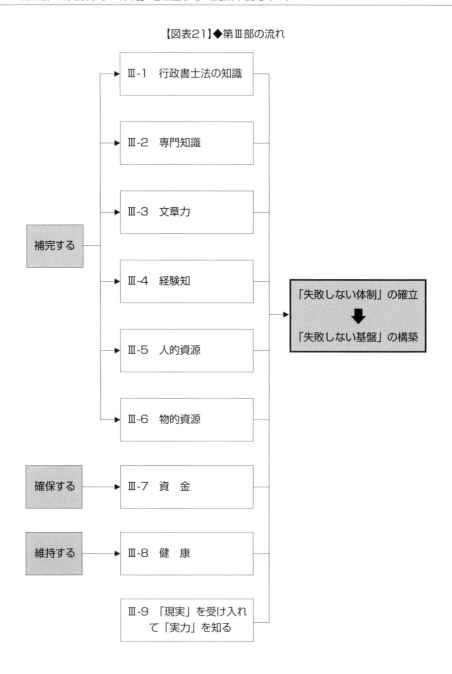

■ Ⅲ-1 「行政書士法の知識」を補完する

　行政書士法に対する知識不足は，業際違反や責務違反等による懲戒処分に直結する。

　なお，一度でも懲戒処分を受けると，所属している行政書士会や都道府県庁のホームページ等に処分内容が公告されて，業務を継続することが困難になる（行書14の5）。

　行政書士法を学ぶことは"自分の身を守る"ためにも大切である。ここでは，行政書士法の学び方を紹介する。

Column 6
懲戒処分は公表される

　都道府県知事は，行政書士法14条（行政書士に対する懲戒）又は14条の2（行政書士法人に対する懲戒）の規定により行政書士を処分したときは，遅滞なく，その旨を当該都道府県の公報をもって公告しなければならない（行書14の5）。

　具体的には都道府県知事は，都道府県のホームページに被処分者の「氏名」「事務所所在地」「登録番号」「処分年月日」「処分内容」「処分理由」「処分根拠」を掲載する。

　ほとんどの相談者は，依頼しようとする者をインターネットで検索する。そこでその者が「処分された」とわかれば，ふつう相談を躊躇するだろう。

(1)　学　び　方

　『行政書士法コンメンタール』（兼子仁著，北樹出版）を読む。行政書士法は難解である。理解できないところは飛ばして構わない。まずは通読すること。

(2) 理解の目標レベル

　一通り読んだら，次に「処分されない」ことを念頭に読む。具体的には，次表の条文を丹念に読むこと。

【図表22】◆行政書士法の重要条文

No.	条　文	内　容
①	1条	目的
②	1条の2・1条の3	業務
③	8条	事務所
④	9条	帳簿の備付及び保存
⑤	10条	行政書士の責務
⑥	11条	依頼に応ずる義務
⑦	12条	秘密を守る義務
⑧	14条	行政書士に対する懲戒
⑨	14条の3	懲戒の手続
⑩	14条の5	懲戒処分の公告
⑪	19条	業務の制限
⑫	21条2号・22条・23条・23条の2第2号	罰則

(3) 処分事例を見る

　(1)(2)が終わったら，日本行政書士会連合会（綱紀事案の公表），都道府県庁および各都道府県の行政書士会のホームページで処分事例を見る。

　そして，「どのようなことをして」（処分理由），「どの条文が適用されて」（処分根拠），「どのような処分が下されたのか」（処分の内容）を理解する。

　さらに，処分根拠に明示されている条文を六法や『コンメンタール』で当たれば理解が一層深まる。

(4)　判例に当たる

　業際問題，職務上請求書の研究に有益である。以下に参考になる判例を紹介する。

【図表23】◆業際問題，職務上請求の研究に有益な重要判例

No.	内　　　容	解　　　説
①	行政書士がその業務範囲を超えて弁護士法72条違反の所為に及んだ事例	東京地判平5［1993］・4・22判タ829号227頁
②	行政書士が業として登記申請手続について代理することと司法書士法19条1項	最判平12［2000］・2・8判時1706号173頁
③	行政書士が正当な理由もなく他人の戸籍謄本，住民票の写し等を取得したことが違法であるとして慰謝料50万円の支払いが命じられた事例	東京地判平8［1996］・11・18判時1607号80頁

Ⅲ-2　「専門知識」を補完する

　専門分野（行政書士が取り扱うことができる業務範囲の中で，自らが選択した取扱業務）の決め方と知識を面談に耐え得るレベルにするプロセスを紹介する。

(1)　専門分野の決め方

　次の「3つの基準」で専門分野を決める。3つの基準の内「①好き・嫌い」は必須の条件である。

①　「好き・嫌い」で決める

　「好きこそ物の上手なれ」と言われるように，「好きだから」専門分野といえるレベルまで知識と経験知を深めることができる。

　業務を完遂するまでに，ふつういくつかの困難に遭遇する。「儲かりそうだから選んだ」といった浅薄な考えではやり遂げられない。「好き」という気持ちが困難を打ち破り業務を完遂する原動力になるからである。

② 「実績」で決める

　職務経験等で既に実績がある事に関連する分野を専門分野にすると，次のようなアドバンテージがある。

　イ）業務の基礎知識がある

　ロ）業界に精通している

　ハ）見込み客がいる

　　　したがって，受任しやすく業務も速やかに遂行できる。

③ 「認知度」で決める

　「行政書士の業務」として，市民・業界・他士業から認知されている分野を選択する。具体的には，民事では「遺言・相続手続業務」，行政手続では入国管理・建設業・風俗営業・運輸業務が挙げられる。

Column 7
遺言・相続手続業務を専門分野の一つにするメリット

　開業したら習得した専門知識を "売る" ことになる。売るには "買い手" が必要である。

　遺言・相続手続に関心が高い者は大勢いる。たとえば，遺言に関しては，自らが当事者でなくても「親に残してもらいたい」という子や配偶者はいる。また，ほとんどの者は好むと好まざるにかかわらず，親や配偶者の死亡が原因で相続人となり遺産分割協議を行った後，相続手続を行わざるを得なくなる。

　このように，遺言・相続手続は他の業務に比べて抜きん出て需要が高い（次表「街頭無料相談実施報告」参照）。したがって，"買い手" を見つけやすいというメリットがある。

【図表24】◆33支部による街頭無料相談会実施報告

（実施期間：2022（令和４）年10月１日から11月15日）

	相　談　内　容	2022年		2021年	
		件数	％	件数	％
1	遺言・相続・贈与等	622	62.2	315	62.1
2	成年後見・福祉・介護保険関係	76	7.6	38	7.5
3	離婚・家族関係	21	2.1	12	2.4
4	戸籍関係・各種届出	16	1.6	8	1.6
5	交通事故	5	0.5	0	0
6	内容証明・公正証書・事実証明	12	1.2	4	0.8
7	空き家問題	24	2.4	9	1.8
8	職場環境・雇用問題（外国人含む）	4	0.4	2	0.4
9	コロナ対策支援	3	0.3	3	0.6
10	知的財産・著作権	1	0.1	0	0
11	法人設立（会社・NPO等）	23	2.3	14	2.8
12	会計記帳・税金・助成金	19	1.9	7	1.4
13	宅建業・建設業・環境事業	1	0.1	2	0.4
14	運輸・倉庫・旅行業等	0	0	0	0
15	飲食・風俗営業・古物商	1	0.1	2	0.4
16	在留・帰化・国際結婚	15	1.5	13	2.6
17	近隣問題・暮らしの相談	18	1.8	16	3.2
18	クレサラ・消費者問題	3	0.3	4	0.7
19	不動産問題	67	6.7	34	6.7
20	行政書士試験等	3	0.3	4	0.7
21	マイナンバー	11	1.1	―	―
22	その他	55	5.5	20	3.9
	合計	1,000	100.0	507	100.0

引用：『行政書士とうきょう・令和５年１月号』（東京都行政書士会）

※「遺言・相続・贈与等」は２年連続最多の相談件数である。

※2022年度の家族法関連（「１．遺言・相続・贈与等」「２．成年後見・福祉・介護保険関係」「３．離婚・家族関係」「４．戸籍関係・各種届出」）の相談件数の合計は735件（73.5％）である。

⑵ 「３つの専門分野」を確立する

行政書士業務を継続的に行うためには，専門分野を３つ持つことが望ましい。

Column 8
先輩から受けた「３つの専門分野」のアドバイス

開業間もないころ，入管業務で高名な先生から「君は何を専門にするのか」と尋ねられた。私が，「遺言・相続業務です」と答えると「あと２つ専門を持ちなさい。３つ専門分野を持てば食えるよ」と助言を頂いた。

そのアドバイスを受けて，私は以前から興味のあった入国管理と風俗営業の勉強を始めた。するとその２つの業務を立て続けに受任する幸運に恵まれた。それ以来，３つの分野のうちのいずれかの引合いが途切れることなく舞い込んでくるようになった。あのとき頂いた助言は本当にありがたいと今でも感謝している。

> **ここが実務の**
> **ポイント❷** 専門分野の構築イメージ

まず「狭く」入る。そして「深く」掘り，さらに「拡げる」，が専門分野構築のイメージである。
① 「狭く」入る
入口が狭くなければ深く掘れない。あれもこれもと手を出すのは一般人には無理である。まずは３つを目標に専門分野を確立する。
② 「深く」掘る
専門と言うには「通常では習得するのが困難なレベル」まで知識を深く掘り下げなければならない。ふつう対象に興味がなければ深く掘り下げることはできない。なお，専門分野を決める「３つの基準」の内，「実績」「認知度」で選択した分野においても，「好き」という要素は必須である。

③ 拡がる

特定の分野の専門知識が深くなると，受任件数が増えると同時に，著作（出版）・セミナー講師・顧問など，仕事の領域が自然と拡がって行く。

◆専門分野の形成パターン

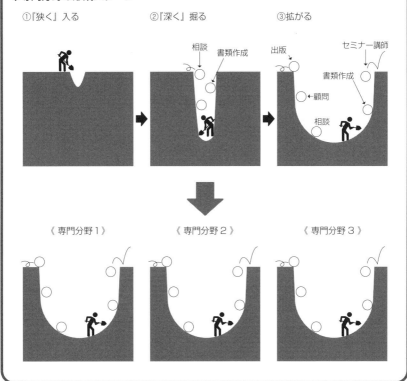

Column 9

「先生」と言われなければ受任できない

「先生」と言われることに「相談者に"上から目線"の印象を与える」という理由で抵抗を感じる者がいる。実は私もかつてそうであった。しかし，実際に「先生」と言われるかどうかは別として，「先生」と言われるパフォーマ

ンスを相談者に提供できなければ受任することは難しい。相談者が行政書士に対して「先生」と言う（思う）のは，その行政書士の専門知識と仕事振りに対する信用の証だからだ。

(3) 専門分野を習得する手順

次の手順で専門分野を習得する。

① 基本書を読み込む

基本書とは，実務に関連する分野を，論理的・体系的に解説した本である。学者が書いたものが多い。基本書を読むポイントは次のイ）〜ハ）である。

イ）「なぜ」の視点で読む（「相談者目線」で読み込む）

たとえば行政手続の場合，「なぜこの許可が必要なのか」「なぜこのような許可基準が設けられたのか」等を考えながら読む。また，相続の場合「なぜ配偶者は常に相続人になるのか」「なぜ立法者は代襲相続や遺留分の制度を設けたのか」等を考えながら読む。

このような「なぜ」は相談者が感じることである。だから「なぜ」の視点で基本書を読むことを習慣付ければ，相談者からの質問に瞬時にわかりやすく回答できるようになる。

ロ）「どこ」に「何」が書かれているのか反応できるまで読み込む

基本書のどこに何が書いてあるのかイメージできるまで読み込まないと，実務で迅速に対応できない。

書き込みやインデックスを付けるなどして基本書を"オリジナル化"すると，相談者からの質問の該当箇所を瞬時に見つけられて実務で対応しやすくなる。

ハ）条文に当たる

基本書に記載されている条文を確認する。これにより論理的思考が定着する。

そうすると相談者へ筋道を立てて話せるようになるので，相談者は「わかりやすい」と感じて行政書士に信頼を寄せるようになる。その結果，受任率がアップする。

② 実務書を<u>な</u><u>が</u><u>め</u><u>る</u>

実務書とは，専門家が実務に基づいて，速やかな業務遂行を目的として書いたものである。実務書を読むポイントは次のイ）ロ）である。

イ）受任したつもりで読む

実際に受任したつもりで，実務の流れを俯瞰することに努めながら読む。なお，基本書と違い"読み込む"必要はない。わからない点があっても気にする必要はない。実務をまだ行っていないのだから当然である。

ロ）基本書と比較しながら読む

基本書で習得した論理が実務でどのように活かされているか意識して読む。このことで，実践的な論理的思考が習得できる。

③ 判例を収集する

基本書や専門書に記載されている判例を『判例タイムズ』や『判例時報』等で調べてみる。判例に関する相談は多いので，判例で習得した知識は面談で威力を発揮する。

④ 情報を収集する

イ）官公署に行く（行政手続業務）

官公署に提出する書類の作成・提出代理・相談等の行政手続業務に関しては，専門分野に関連する官公署（都道府県庁各部署，出入国在留管理局，陸運支局等）に出向いて次のことを行う。

(a) 申請窓口を確認する

たとえば東京出入国在留管理局では申請する内容（「在留資格認定証明書交

付申請（認定申請）」「在留資格変更許可申請（変更申請）」「在留資格更新許可申請
（更新申請）」等）によって窓口が異なる。事務所設置予定地からの所要時間
も確認すること。

(b) 「手引書」「パンフレット」「リーフレット」を入手する

「手引書」には，申請に関する内容（許可・届出の説明，申請書の記載・提出
方法等）が具体的に書かれている。

パンフレットやリーフレットには一般向けに書かれているので，相談者に
説明するときに役立つ。また，事務所のホームページやパンフレットを作製
する際の参考資料にもなる。

(c) 雰囲気を感じる

申請までの待ち時間，窓口と申請人（行政書士もいるはずである）との遣り
取りなどを観察して雰囲気を肌に感じる。

ロ）公証役場に行く（遺言書作成・定款の認証等）

公証役場は公正証書遺言の作成や定款の認証等で利用する。公証役場によっ
て規模や雰囲気はさまざまである。

事務所予定地に近い公証役場を２〜３カ所訪問して自分に馴染む雰囲気の公
証役場を見つけておく。

また，ほとんどの公証役場は公正証書に関するパンフレットやリーフレット
を用意しているので，訪問した際に入手すること。

ハ）マスメディア

専門分野に関する新聞・雑誌の記事を収集しておく。最新の情報を入手でき
ると共に，セミナーや面談での話材にもなる。

⑤　申請書を条文で当たる

専門分野に予定している申請書（「許可申請書」「変更許可申請書」「更新許可申請
書」等）を所轄の官公署のホームページや申請窓口で入手する。そして申請書

に記載されている根拠条文を基本書・実務書・六法等で当たってみる。

実務での書類作成のイメージがつかめると共に，基本書と実務書で習得した知識を実務レベルで整理することができる。

Column 10
「情報」と「注意」のトレードオフ

楠木建一橋ビジネススクール特任教授が，著書『経営センスの論理』で情報について端的に示されている。以下少々長くなるが引用する。

われわれは大量の情報が氾濫する時代を生きている。しかし，情報それ自体には意味はない。人間がアタマを使って情報に関わってはじめて意味を持つ。

人間と情報をつなぐ結節点となるのが「注意」（attention）である。人間が情報に対してなんらかの注意をもつからこそ，情報がアタマにインプットされ，脳の活動を経て，意味のあるアウトプット（仕事の成果）へと変換される。組織論の分野で活躍し，ノーベル経済学賞を受賞したハーバード・サイモンは，「情報の豊かさは注意の貧困をもたらす」という名言を残している。「情報」が増えれば増えるほど，一つひとつの情報に向けられる「注意」は減るわけだ。

情報の流通はITの発達を受けて指数関数的に増大している。それとパラレルに人間のアタマの処理能力が増大すれば話は単純で，ITの進歩がそのまま知的アウトプットの増大をもたらす。ところが実際はまったくそうなっていない。人間のアタマのキャパシティが変わらないからだ。これからも当分の間（少なめに見積もって1万年ぐらい？），脳のキャパシティが飛躍的に増大するということはなさそうである。人間のアタマに限界がある限り，入手可能な情報が増えれば，情報1単位あたりに振り向けられる注意が減少するというトレードオフに突き当たる。至極

当たり前の話だ。

日々の仕事が「IT漬け」になっている今日，この当たり前のトレードオフを軽視したところから多くの問題が生じているというのが僕の見解である。たとえば，インターネットがなかったころ雑誌の１ページ・１文字に読者が払っていた注意量は，現在のネット上の情報の１ページ・１文字に対するそれと比較して，圧倒的に濃厚なものだったはずである。さらにずっと昔，書籍しかなかった時代には，雑誌に対する何十倍もの注意が書籍に向けられていたことだろう。人々は今よりも深く考えながら，対話するように情報と接していたのではないだろうか。

ようするに，洪水のような情報量の増大が果てしなく起きているということは，注意の貧困もまた果てしなく広がっているということだ。今後もその傾向が続くことはまず間違いない。そこに注意がなければ，たくさんの情報に触れてもほとんど意味はない。注意のフィルターを通してみることで，はじめてその情報は自分の血となり，肉となる。貧困になる注意をいかに復興させるかが重要な論点として浮かび上がってくる。

（引用：楠木建著『経営センスの論理』新潮新書Ｐ218～221）

開業に関する情報も相当に溢れている（この本もその一つ）。その一つひとつに漠然と触れていても自分の身に付かない。そればかりか消化不良を起こして「情報の海」に溺れてしまう。そして時間とお金を浪費して"負のスパイラル"に陥る。そうならないためにも，開業前に情報との接し方を身に付けておくべきである。

ここが実務の
ポイント❸　**名刺交換までに専門分野を言えるように準備する**

名刺交換する時に「行政書士の○○です」に続いて，「高齢化社会，国際社会の流れに応じて，相続業務，国際業務など，行政書士の活躍の舞台

は拡がっています。また，市民法務，著作権業務なども手がけます」のような"行政書士の紹介"をされても相手は「そうですか（だから何）」程度しか感じない。

　「行政書士の○○です」に続いて「私の"専門分野"は○○です」と言えなければ受任に至らない。なぜなら，相手の興味は「行政書士が私にしてくれること」ではなく「あなた（＝名刺交換した面前の行政書士）が私にしてくれること」だからである。専門分野とは"売り物"である。ふつう，売り物がわからないお店に物を買いに行かないだろう。

　もちろん，専門分野と言うからには，受任したら業務を速やかに遂行できる体制が確立していて，実務脳（「第Ⅳ部」参照）を習得していることが条件である。専門分野を紹介した者から，その分野の業務を受任して，速やかに遂行できなければ相手（依頼者）の期待を裏切ることになる。そうなれば，当然クレームを付けられる。また，「できないこと」を「できる」と宣伝したことは，「不当誘致」（行書10，行書規6②）に該当するおそれもあるのだ。

Column 11

「趣味」と「仕事」の違い

　趣味と仕事の違いはハッキリしている。趣味は「自分のため」にやること，仕事は「自分以外の誰か」（価値の受け手＝お客）のためにやることだ。

　趣味は自分のためにやるのだから結果の責任を問われない。一方，仕事は相手がいるから結果の責任を問われる。

　行政書士の仕事の結果は依頼者の人生や会社の経営を左右することがよくある。行政書士の業務は"強い責任"が伴うのだ。その責任を果たすには，"しっかりとした準備"が当然必要である。

　準備不足のまま開業する者は「行政書士を趣味としてる」と言われても仕方ないだろう。

Ⅲ-3 「文章力」を補完する

　行政書士は文書作成の専門家である（行書１の２①）。

　「文書を作成するのが苦手」では行政書士業務を遂行するのに支障が生じる。実際に，文章力の優劣が申請の結果（許可・不許可）を左右することもある（たとえば，入国管理業務の「申請理由書」等）。また，文章力は業務のほか，経営（営業の結果等）にも影響を及ぼす。

(1) 癖を知る

　「無くて七癖」というように，文章にも人それぞれ癖がある。そして，癖は大概文章を読みにくくする。そこでまず，自分の癖を知るために実務書で基本をしっかりマスターする。次に，癖を自覚して直す。このことが，わかりやすい文章を作成する第一歩となる。

(2) 辞書を引く

　日本語を外国語として捉えてみる。そして違和感を覚えた言葉を使用する際は必ず辞書を引く。すると誤った使い方をしてきた言葉が案外あることに気付くはずだ。

　根気よくこの作業を続けると語彙が豊富になり正しい言葉遣いが身に付く。すると自然に読みやすい文章が作成できるようになる。

(3) 校正する

　作成した文章を校正して仕上げる。校正のポイントは次のとおり。

① 削　　る

　無駄を省いてできるだけ文を短くする。校正の王道は「削る」ことである。

②　主語と述語の整合性を確かめる

　主語と述語がかみ合っているか確認する。主語と述語が合っていないと　"なんとなくわかる"　程度の「曖昧な文章」になってしまう。曖昧な文章は，読解しにくいので業務遅滞の原因となる。

③　「繰り返し」を削除する

　気持ちが入りすぎると，同じ内容を言葉や文章を変えて何度も書いてしまう。特に文頭と文末にこの傾向が現れ易い。依頼者や官公署はこのような文章を「くどい」と感じる。「繰り返し」を見つけたら，原則としてひとつを残し，他は削除すること。

④　論理的に書かれているか確認する

　自分が作成した文章を他人目線で読むことで，第三者が読んでわかりやすいかどうか客観的に判断する。もし，違和感を覚えたら，文章全体の構成にゆがみがある証拠である。構成を再度検討すること。

　なお，率直に意見を言ってくれる者に仕上げた文章を読んでもらって，「読み返さずにすんなりと内容が理解できるか否か」判断してもらうのもよい。

ここが実務のポイント❹　文章は漫然と書いても上達しない

　人それぞれ文章に癖がある。癖は文章を読みにくくする。漫然と文章を書いていると癖が文章の至るところに出てくる（「文章をたくさん書けば，文章は上達する」と言う者がいるが，そのようなことはまずない）。

　評判のよい文章術の本の中から自分に合ったものを見つけて基本を身に付けること。基本を学ぶと自分の癖が浮き彫りになる。その癖を無くすことが文章上達の鍵である。「わかりやすい文章」とは基本に忠実な「癖のない文章」といってよい。

Ⅲ-4 「経験知」を補完する

　新人の泣き所は経験知がない（または浅い）ことである。経験知は経験を通じないと蓄積できない。しかし，短期間で経験知のレベルを業務遂行できるまで深める者がいる一方，何年経っても浅いままの者もいる。

　その差は「相談者」「報酬」「業務手順」に対する予備知識の程度による所が大きい。

　そこで短期間で経験知を深めるために，開業前に「相談者」「報酬」「業務手順」について知っておくべきことを紹介する。

(1)　相談者（依頼者）を知る

　相談者の型（相談者像），レベル（知識）および相談者が行政書士に求めていることは次のとおりである。

①　相談者の「型」を知る

　相談者を「行政書士に相談する動機」で区分すると次の４つに分けられる。

【図表25】◆相談者の型

No.	型	行政書士に相談する動機
①	不安解消型	今抱えている切実な悩みを専門家の力で一刻も早く解消したいので相談する。
②	時間優先型	懸案事項を自分で解決できなくはないが，そのための時間がない。多少費用がかかっても，専門家による速やかな解決を優先するので相談する。
③	希望実現型	希望（独立開業・新規事業による事業拡大・遺産の承継等）を早期に実現するためには専門知識が必要なため相談する。
④	外圧型	行政や取引先から許可を取得するように指導または要請を受けたので相談する。子どもから遺言書の作成を依頼された親も該当する。

　以上４つの型に通底している心情は，「今，自分（会社）が抱えている先の見えない切実な悩みを，速やかに解決したい」ということである。

② 相談者の「レベル」を知る

　ほとんどの相談者は専門家に相談する前に，インターネットや一般向けに書かれた本等から情報を収集して基本的な知識を習得している。

　中には，自分で調べた上で結論を出したり申請書を作成したりして，「確認を求める」ために専門家を活用する者もいる（P40【Column 2】参照）。

③ 相談者が「求めていること」を知る

　相談者が行政書士に求めているのは，「今，自分（会社）が抱えている先の見えない切実な悩みを速やかに解決すること」である。つまり，このことは相談者にとっての価値（「顧客価値」という）である。

　ここでのポイントは「速やか」ということである。問題を解決または希望を実現できても，相談者の予想より時間がかかってしまったら，相談者の期待に応えたとはいえない。

Column 12
“ご丁寧”な対応が相談者を不安にする

　相談者は専門家に「解決」というゴールに力強く導いて欲しい。だから，“ご丁寧”な対応を「この人は自信がないのではないか」「なんだか頼りない」と捉えがちである。

　「行政書士もサービス業の一つ。だからお客様をおもてなししましょう」のようなことを最近よく耳にする。ただ，他のサービス業と違うのは，“お客様”が「切実な悩みを抱えている」ということである（この点は，医師と共通している）。

　この点を理解して，相談者の呼び方（「お客様」「○○様」「○○さん」のどれがよいのか），身形など，相談者との接し方について考えるとよいだろう。

(2) 報酬を知る

報酬についての経験知の程度は，事務所経営を左右する。なお，報酬については，拙著『行政書士のための「高い受任率」と「満足行く報酬」を実現する心得と技』（税務経理協会）に詳述した。参考にしていただきたい。

① 適正価格で受任するために必要なこと

適正価格とは，業務の難易度と量に相応し，なおかつ依頼者が納得して，行政書士が満足できる報酬額をいう。適性価格を算出するには次の２つの要素が求められる。

イ）算出基準を決める（P 221【実務直結資料１】参照）

原則「時給」で算出する。当然であるが報酬額は書類の枚数に比例しない。

ロ）分解見積を提示する

見積とは，相談内容を受任して業務を行った場合の費用を算出して，着手前に相談者に提示する行為をいう。

具体的には，業務全体を「業務の項目ごと」にブレイクダウン（分解）して，項目ごとに費用を算出した結果を書面にして提出する（「○○業務・一式・○○円」といった「一括見積」ではない）。

見積の項目は次のようなものがある。

【図表26】◆見積の項目

No.	項　目	内　　容
①	報　酬	相談，書類作成，申請書提出代理，添付書類の官公署への請求・取得代理，官公署・公証役場への事前相談等
②	実　費	申請手数料，交通費，郵送料，複写代等
③	支払条件	・支払日（依頼者が法人の場合は，請求の締日と支払日を確認すること） ・支払方法（振込，現金）等
④	特　約	案件に特有な条件がある場合に記載する。
⑤	有効期限	見積の有効期限を記載する。

ここが実務のポイント❺　面談で「分解見積」を出すための「条件」とその「効果」

　面談で分解見積を提示するには，面談の場で「相談の問題解決までの流れ」を把握して相談者に解決までの道筋（＝ロードマップ）を提示できる能力が求められる。

　つまり，「業務を俯瞰できる能力」を有していなければ，分解見積を提示できないのだ。分解見積を提示された相談者は，自らが抱えている先が見えない切実な悩みが解決できるイメージが掴めるので，行政書士を「実務に詳しい者」「頼りがいがある者」として認める。その結果，行政書士は「満足行く報酬」を得られるのである。

　たとえば，申請書を作成する場合，作成に要する時間は，「打合せ」「考案」「書類作成」の3つの場面に区分できる。A4用紙1枚の申請書を作成するのに1時間で終わるものもあれば，10時間かかるものもある。時給5千円で報酬を算出すると，前者は5千円，後者は5万円となる。

　相談者の中には，「1枚で5万円もするの」と感じる者もいるかもしれない。しかし，見積を提示する際に書類作成に要する時間について，内容を説明した上で「この書類を完成させるには，『打合せ』に3時間，『考案』に5時間，『作成』に2時間の合計10時間を要します」と丁寧に説明すれば，理解を得られる。それでも理解を得られないようなら，受任しない方が無難である。

　なぜなら，「時間」に対する考え方を共有できない者からは，受任後の協力（たとえば，依頼した書類を期限内に提出する，打合せの時間を守る等）を得られないのが常だからである。

　なお，行政書士の不勉強が原因で時間がかかるのを，依頼者に「報酬」として転化することが許されないのは言うまでもない。

②　請求のタイミング

請求書は，原則として受任が決まった面談時に交付する。当日に交付できなかった場合は，遅くとも翌日にはメールまたは郵送すること。

③　入金後の処理

速やかに正副二通の領収書を作成し，正本に記名し職印を押して依頼者に交付する。なお，副本は作成の日から５年間保存しなければならない（行書規10）。

Column 13

無料相談の功罪

無料相談は相談者にとって専門家からタダでアドバイスをもらえるメリットがある。一方，専門家にとって見込み客を集めやすいというメリットがある。しかし，無料相談には２つのリスクが伴う。１つは「無料が当たり前」「お金を支払うのが損」と考える相談者ばかり集まること。もう１つは，「相談料を請求しないのが当たり前」という悪習慣が身に付いてしまうことである。そうなると当然事務所経営が悪化する。

無料相談は，懇意にしている者からの紹介があったり，前回依頼を頂いているなどの"特別な事由"があるか，もしくは無料相談を入り口として利益を上げる"戦略"が描けている場合を除いてすべきでないと考える。

なお，行政書士は「無料相談」でもその言動に責務を負うのは当然である。

---

(3)　業務手順を習得する

経験知の差が顕著に現れるのが業務手順である。行政書士は数多くの業務を取り扱うことができるが，そのほとんどの業務は「７つのプロセス」を経る。

この７つのプロセスに則して業務を遂行すれば，業務を速やかに遂行できるので，業務遅滞等による依頼者とのトラブルを回避できる（詳しくは第Ⅳ部で解説する）。

Ⅲ-5 「人的資源」を補完する

　人的資源は，「相互の信頼関係」の上に成立する。そのため，人的資源を築くにはある程度の時間がどうしても必要である。

　開業してから「アドバイザー」と「パートナー」を選定しているようでは開業直後から業務を速やかに遂行するのは困難である。

　同様に，「見込み客」を開業してから選定しているようでは開業しても当分の間依頼を見込めない。したがって，人的資源は「開業する」と決めたら，すぐに候補者を選定してアプローチすることが肝要である。以下「アドバイザー」「パートナー」「見込み客」の構築方法について説明する。

【図表27】◆人的資源の関係図

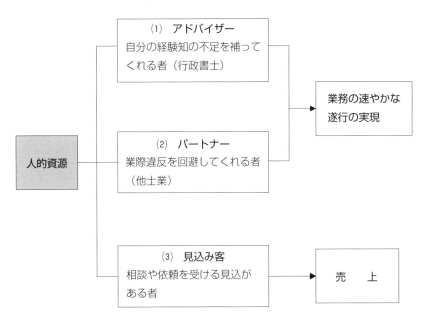

(1) アドバイザー

次の方法で自分が専門にする分野ごとに１～２名の候補者をピックアップする。

① 専門分野を調べる

インターネットで，自分が専門分野にしようとしている業務を行っている行政書士をピックアップする。実際にアドバイスを受ける場所は，通常アドバイザーの事務所である。したがって，事務所設置予定地付近に事務所を設けている者が望ましい。

② 業歴を調べる

①でピックアップした者の業歴を，日本行政書士会連合会のホームページの「行政書士検索」で調べる。すると「登録年月日」（開業年月日）がわかる。業歴は５年以上が目安である。

③ アプローチする

まず，自己紹介と「よろしければ伺いたい」といった内容を書いた挨拶状を送る。しばらくしてから，電話でアポイントを入れてみる。既に挨拶状を送っているのですんなりと応じてくれる可能性が高い。

いきなり電話を入れて「会ってくれ」というのはあつかましいと思われても仕方ない。

なお，電話の応対がぞんざいだったら会わない方がよい。電話応対は得てして人物の内面を表すからだ。

④ アドバイザーとしてふさわしい者

アドバイザーとしてふさわしい者か実際に会ってみて見極める。判断基準は次のとおり。

イ）事 務 所

(a) 整理されている

(b) 書棚に専門書がある程度ある

(c) 明るい雰囲気

ロ）人 物

(a) 知識・経験が豊富（いくつか質問を用意しておく）

(b) 身形が整っている

(c) 覇気がある

⑤ 業務を提携する場合の注意点

開業後に，アドバイザーと業務提携する場合の注意点は次のとおり。

イ）事前に依頼者に「他の行政書士と共同で業務を行う」ことの同意を得る（行書12，行書規4ただし書）

ロ）受任者は「自分」であることを忘れない（責任は「受任者である自分」にあることを認識する）

ハ）アドバイザーに支払う費用を決める（事前に無料か有料かをアドバイザーと協議して決める。有料の場合は費用・支払時期を決める）

Column 14
「セミナー」を活用する

行政書士の中には，セミナーを自主開催したり，企業から依頼されて講師を務める者もいる（たとえば，金融機関等のホームページの「無料セミナー」で調べられる）。

セミナーはアドバイザー候補者に直接会えるチャンスである。しかもセミナーの運営方法を学べるので積極的に参加したい。なお，このことは次に紹介する「パートナー」についても同様である。

⑵ パートナー

各士業に１〜２名の候補者をピックアップする。

① 各パートナーの協力が必要になる場面

イ）弁 護 士

相談を受けた，または受任した案件が，当事者間に調停・訴訟の因をなす紛争状態になっていた，またはなってしまった場合。

ロ）司 法 書 士

業務を完遂するために，会社設立や相続に係る登記申請または家庭裁判所への申立（遺言書の検認・相続放棄・成年後見等）が必要な場合。

ハ）税 理 士

業務を完遂するために，税に関する相談・申告（主に相続税）が必要な場合。

二）社会保険労務士

業務を完遂するために，年金や労務関係に関する相談・申請が必要な場合。

たとえば，相続手続業におけるパートナーとの関係は次頁【図表28】のとおりである。

② 候補者を選定する

業務を依頼するときは，自分またはパートナーの事務所で行うことになる。したがって，事務所設置予定地付近に事務所を設けている者をインターネットで調べてみる。

③ アプローチする

アプローチはアドバイザーの場合と同様である。なお，アドバイザーにとって行政書士は "仕事を紹介してくれる可能性がある者" であるから，概ね好意的に迎えてくれる。

【図表28】◆行政書士とパートナーの関係（相続手続業務の事例）

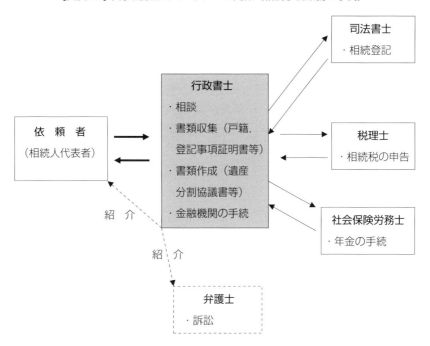

※ 行政書士が依頼者の窓口となり，パートナー（司法書士・税理士・社会保険労務士）と連携して相続手続を完遂する。なお，紛争性がある場合は，パートナー弁護士を紹介して，その後は弁護士が直接業務を行う。

④ パートナーとしてふさわしい者

アドバイザーの場合と同様である。

⑤ パートナーに業務の一部を依頼する手順

イ）事前に依頼者に「業際」の説明をした上で，パートナーが業務の一部を行うことの同意を得る（行書12）

ロ）パートナーに事実関係を正確に伝える

ハ）パートナーから見積を取る

ニ）依頼者にハ）の見積を提示する

ホ）依頼者が見積に同意したらパートナーに依頼する

なお，パートナーが行う業務の責任の所在は，相談者とパートナーの間で生じることを，業際と合わせて相談者に伝えておくこと。

ここが実務の ポイント❻ **アドバイザーとパートナーに紹介してはいけない相談者**

次のような相談者を紹介するとアドバイザーやパートナーを不快な気持ちにさせてしまう。

・遵法意識が低い者

・高圧的な態度の者

・問題解決に対して安易な考えをする者

・費用を値切る者

以上のことを頭に入れて紹介するにふさわしい人物かどうかをしっかりと見極めてから紹介すること。さもないとアドバイザーやパートナーから「とんでもない者を紹介してくれたものだ」と思われて関係が切れてしまうことがある。

---

(3) 見込み客

民事系と行政手続系に分けて見込み客のアプローチ方法を紹介する。

① 人脈を掘り起こす（遺言・相続業務等の「民事系」のケース）

人脈とは，山脈・鉱脈・水脈をもじった言葉であって，同窓・職場・親族・交遊関係などのどこかで一脈のつながりを認める人的つながりをいう。

人脈を掘り起こす一つの方法としては，今までの人生を振り返り住所録を作成することが挙げられる。「自分には人脈がない」と思っていても，次表のように人脈をカテゴリーに分けるとピックアップしやすくなる。

住所録に掲載した者に,「年賀状」と「暑中見舞い」を出して開業前に存在
を思い出してもらうようにする（人脈の掘り起こし）。なお,開業することを知
らせても構わない者には,合格の報告と開業後の専門分野について一言添える。

【図表29】◆人脈のカテゴリー

No.	カテゴリー	対　象　者
①	学校	恩師,先輩,同級生,後輩等
②	職場	上司,同僚,部下,取引先等
③	親族	親,兄弟姉妹,叔父・伯母,従兄,姻族等
④	交遊関係	友人・知人,趣味の仲間等
⑤	その他	友人・知人等からの紹介

ここが実務の ポイント❼　「いつ・どこセミナー」「ありがとうセミナー」を 開催する

開業することを公表しても差支えない者には,開業の意思を伝えて「行
政書士」「自分の専門分野」そして「遺言・相続」について説明してみる。

「話しがあるのだけど……」など改まる必要はない。ランチや酒席など
持って来いの場面である。「いつでも・どこでも」気軽に話す感じでよい。

もし,相手が関心を示したら,SNSやメールなどで情報を継続的に伝
える承諾を得る。勉強の成果を発表できて,しかも見込み客の開拓にもな
る。

また,開業直後に親しい方を招いて開業できた感謝を込めてセミナーを
開催するのもよいだろう（名付けて「ありがとうセミナー」P154）。開
業の挨拶状に招待状も付けて案内するのがよいだろう。テーマはすべての
方が関係する「遺言・相続」がお勧めである。

◆ 「いつ・どこセミナー」を開催している場面

②　専門分野の対象者を調査する（行政手続系のケース）

　自分が予定している専門分野に関係する会社を次の中からリストアップして住所録を作成する。

　リストアップした会社には開業後に挨拶状の送付等でアプローチする。

　イ）ホームページ

　ロ）事務所予定付近の会社

　ハ）その他

Column 15
退社までの過ごし方・心の持ち方

　職場の者は開業後の見込み客になる。退社するまで友好な関係を継続して円満退社できるように努めること。

　「どうせ早晩辞めるのだから」という気持ちで仕事をしないこと。このような弛緩した気持ちは態度に出るし仕事のミスにもつながる。

　このような姿勢で仕事をしたら，退職後に挨拶状を送っても「いい加減な仕事をする者は信用できない」と思われて，挨拶状はゴミ箱に直行するのが落ちだろう。

Ⅲ-6 「物的資源」を補完する

　開業準備で，事務所と事務機について知っておくべき事項は次のとおりである。

(1) 事 務 所

　行政書士は，その業務を行うための事務所を設けなければならない（行書8①）。また，個人で開業する行政書士は，事務所を2以上設けてはならない（行書8②）。これらの規定は，行政書士が事務所を設けない場合や業務を行うための事務所を2以上設けるような場合には，責任の所在が不明確となり，依頼者や行政庁からの照会や責任追求等の際に支障をきたすおそれがあること，また，行政書士の資格は特定の個人に与えられるものであり，複数の事務所を持つことを許すと，その業務の正確かつ迅速な遂行に欠けるおそれがある等のために設けられたものである。

　なお，事務所を借りる場合は，所有者に賃借人（＝行政書士）が，当該物件を行政書士事務所として使用することを承諾する旨の書類（＝「使用承諾書」）に署名押印を頂く必要がある。そのため，賃貸借契約を締結する前に，所有者

に使用承諾書を提示して，署名押印を頂けるか確認すること。

　また，シェアオフィスは，守秘義務（行書12）の保持の観点から不安が拭えない。したがって，シェアオフィスを検討する場合は，賃貸借契約を締結する前に，事務所設置予定地を管轄する行政書士会に，図面等の資料を提示して事務所としての基準を満たしているか否かを相談すること。

①　選定基準（P225【実務直結資料２】参照）

　日本行政書士会連合会会則２条に従い，各都道府県の行政書士会で事務所設置指導基準が定められている。

②　事務所の区分

　形態と人員によって次のように区分できる（行政書士法人は除く）。

イ）形態による区分

(a)　独立型

　～自宅以外の一室を事務所にする

(b)　自宅兼用型

　～自宅の一室を事務所にする

ロ）人員による区分

(a)　個人事務所

　～室内に行政書士１名のみの事務所

(b)　共同事務所

　～同一室内で，複数の行政書士が各々の事務所を設置する事務所

(c)　合同事務所

　～同一室内で，他士業者と各々の事務所を設置する事務所

以上をまとめると次表のようになる。

【図表30】◆事務所形態の６つの区分

人員 形態	個人事務所	共同事務所	合同事務所
独 立 型	独立・個人	独立・共同	独立・合同
自宅兼用型	自宅・個人	自宅・共同	自宅・合同

③　自宅兼用型か独立型か

　行政書士の業務の特色（守秘義務がある等）と仕事の効率化を考えれば「独立型」の事務所が望ましい。また相談者も独立型の方が「じっくり話ができる」など安心できる。したがって，「自宅か独立か」と問われれば，「独立型」と答える。なお，独立型と自宅兼用型のメリット・デメリットは次のとおりである。

【図表31】◆独立型と自宅兼用型のメリット・デメリット

区 分	メリット	デメリット
独 立 型	①　プライベートと仕事の切り替えがしやすい ②　相談者から信用が高い 〜事務所を借りる資力があると思われる。また，秘密保持について安心してもらえる。 ③　依頼者とトラブルになった場合自宅という“逃げ場”がある	①　賃料が発生する ②　通勤時間がかかる
自宅兼用型	①　賃料が発生しない ②　通勤時間がない	①　プライベートと仕事の切り替えが難しい ②　相談者から信用が低い 〜事務所を借りる資力がないと思われる。また守秘義務に不安を抱かせてしまう ③　依頼者とトラブルになった場合，“逃げ場”がない 〜いつ何時押しかけられるかもしれない危険がある

Column 16

自宅開業のリスク

　開業したら日本行政書士会連合会のホームページの「行政書士会員検索」に事務所の住所が掲載される。つまり自宅に事務所を設けると「自宅の住所」が掲載されることになる。

　依頼者とトラブルになった場合，依頼者から執拗につきまとわれて"逃げ場"を失う可能性もある。また，家族をトラブルに巻き込むこともあり得る。

　そのため，女性の一人暮らし，幼い子どもがいる者が自宅で開業する場合は，セキュリティー対策を講じることをお勧めする。

④　名　　称（P227【実務直結資料３】参照）

　日本行政書士会連合会会則60条の２(注5)により，事務所の名称中には「行政書士」の文言を明示しなければならない等，事務所の名称については指示，禁止，制限がある。

　事務所の名称を決める前に，登録を予定している各都道府県の行政書士会に問い合わせをして，予定している事務所名に問題がないか確認すること。

（注5）　日本行政書士会連合会会則60条の２
　「単位会の会員は，その事務所について，他の法律において使用を制限されている名称又は行政書士の事務所であることについて誤認混同を生じるおそれがあるものその他行政書士の品位を害する名称を使用してはならない」

⑤　個人事務所に関する法的仕組み

　行政書士法が規定する個人事務所に関する事項は次のとおりである。

【図表32】◆個人事務所に関する法的仕組み

No.	内　　容	条　　文
①	事務所の名称・所在地およびその変更は，所属行政書士会を経由し日行連に登録すべき事項である。	行書6① 行書6の4

②	「行政書士事務所」を明らかにする表札を掲示しなければ ならない。	行書規2の14①
③	都道府県知事から業務停止処分を受けた期間中は，表札を 撤去しておかなければならない。	行書14 行書規2の14②
④	事務所の見やすい場所に，その業務に関し受ける報酬の額 を掲示しなければならない。	行書10の2①
⑤	所定の業務である「帳簿」等を備え付けて2年間保存する のは，ふつう事務所においてであることが，都道府県の立 入り検査受忍規定で予定されている。	行書9 行書13の22①
⑥	事務所外で業務してもよいが，作成書類に押す「職印」や 所定様式の「領収書」の常時保管はふつう事務所である。	行書規10・11
⑦	事務所における「使用人・従業者」の住所指名を所属行政 書士会に届出なければならない。	行書規5②

参考：『コンメンタール』P 103～106

(2) 事務機・事務用品

　「業務を速やかに遂行する」という視点で備品を用意する。インターネット
や通信販売のカタログで調べたり，実際に店舗で机や書棚を見るなどして早め
に情報（機能，価格等）を収集しておくこと。開業時点で用意する主な事務機
と事務用品は次のとおりである。

　なお，机や書棚等の備品や打合せルーム等の共有スペースが充実していて
Wi-Fiを完備しているシェアオフィスの場合，初期投資を抑えることが期待で
きる。

【図表33】◆開業時に必要な事務機・事務用品リスト

No.	アイテム	コ　メ　ン　ト
①	事務用机	パソコン，電話，A3サイズの書類および本2冊を置けるサイズ。
②	事務用椅子	長時間座っていても疲れにくいもの。
③	電話	必ずしも固定電話である必要はない。携帯電話でも可。
④	パソコン	画面が小さいと書類作成がしにくい。

⑤	コピー機	業務上，「カラー」「Ａ３用紙」の機能が必要。家庭用コピー機は業務には不適格である。
⑥	書棚	本や書類は増える一方である。余裕を持った容量のものを選ぶこと。
⑦	応接セット	依頼者に書類の説明をしたり書類に署名・押印をもらうことが多いので，４人以上座れるテーブルタイプがよい。 また，業務で書類を並べて整理することにも使用するので，大き目のサイズが良い。
⑧	シュレッダー	書類の整理と守秘義務の観点から必需品である。
⑨	書類等保管庫	シュレッダー同様に守秘義務の観点から必要である。容易に移動できないもので鍵がかかるものを備える。保管する書類として，「パスポート」「在留カード」「各種許可証」等がある。
⑩	ホワイトボード	打合せ時に，要点を書き出すことで相談者にわかりやすく説明できる。
⑪	事務用品	次のものがあると書類作成に便利である。 ・消せるペン　　　　　　　　・日付印 ・ボックスファイル　　　　　・ダブルクリップ ・個別フォルダー　　　　　　・綴り紐 ・クリアファイル（透明）　　・パンチ（２穴）
⑫	カバン	Ａ４用紙や書籍が入るサイズ。外出時に雨に濡れることもあるので撥水加工が施されているものがよい。また，書類や本で重くなるので軽量がお勧め。 高級ブランド品を持つ必要はないが "安っぽい" ものはみすぼらしく見える。
⑬	ペットボトル（来客用）	衛生的で手間もかからない。なお，容量は少量の「飲みきりタイプ」がお薦め。
⑭	職印	所属する行政書士会に照会してから発注すること。 東京都行政書士会の場合，サイズは「15mm以上24mm以下の正方形・角印とする」と規定されている。なお，サイズが大きいと押印しにくい。15mm〜20mm程度が適当である。
⑮	名刺	名刺にあれこれ情報を掲載しても受け取った者はあまり見ない。かえって "うるさい" 印象を与える。シンプルなデザインの方が印象に残りやすい。
⑯	封筒	「長３」「角２」の２つのサイズを用意する。 名入れにするか，そうでない場合はスタンプを用意する。

⑰	その他	・冷蔵庫 ・電子レンジ ・ポット　等

◆事務所のイメージ図

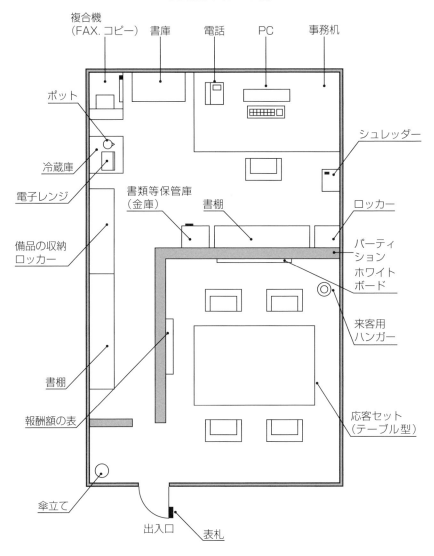

複合機
（FAX. コピー）　書庫　電話　PC　事務机

ポット

冷蔵庫

電子レンジ

書類等保管庫
（金庫）

書棚

備品の収納
ロッカー

書棚

報酬額の表

傘立て

出入口　表札

シュレッダー

ロッカー

パーティ
ション

ホワイト
ボード

来客用
ハンガー

応客セット
（テーブル型）

Ⅲ-7 「資金」を確保する

「貧すれば鈍す」「恒産無くして恒心無し」である。まずは開業および開業後に係る費用を把握すること。

次表に必要と思われる費用を挙げる。自分に必要な項目を選択して開業資金をシミュレーションしてみること。

【図表34】◆開業および開業後に係る費用一覧

No.	区 分	項　　目
①	開　業　費	・**登録費用** 〜行政書士に登録する際に所属する行政書士に支払う。登録する行政書士会によって金額が異なる。 　東京都行政書士会に登録する場合は￥276,000円である。 　（内訳：①登録手数料￥25,000円　②入会金￥200,000円　③東京都行政書士会会費３か月分￥18,000円　④東京都行政書士政治連盟会費３か月分￥3,000円　⑤登録免許税￥30,000円,以上2023年９月末日現在） ・**事務所賃料（敷金・礼金）** ・**引越し料金** ・**事務機** ・**事務用品** ・**書籍代**
②	事務所運営費	・**行政書士会会費** 〜所属する都道府県の行政書士会によって金額は異なる。 　概ね月額6,000円程度である。 ・**研修費** 〜入会後の主な研修は次のとおり。 イ）実務研修会（所属する行政書士会が主催） 　〜無料から3,000円程度まで ロ）申請取次実務研修会（日本行政書士会連合会主催） 　〜入国管理業務の申請取次を行う場合に必須の研修。受講料は３万円。 ・**行政書士賠償責任補償制度加入料（任意保険）** 〜行政書士が,日本国内において行政書士の業務を遂行するに当たり,職務上相当な注意を用いなかったことに基づいてなされた損害賠償について,行政書士が法律上の賠償責任を負担することによって被る損害を補償する制度。

		補償内容によって年間保険料は保証内容によって5,000円〜2万円程度。 ・事務所賃料 ・旅費・交通費 ・通信費 ・書籍代 ・接待・交際費 ・広告・宣伝費
③	生 活 費	・食費 ・光熱費 ・被服代 ・家賃 ・住宅ローン ・教育費 ・遊興費　等
④	公 的 支 出	・所得税 〜その年（1月1日から12月31日）の所得を基に個人に対して課せられる税である。所得は，基本的に10種類（給与所得，事業所得，譲渡所得，雑所得等）に分類される。そしてそれぞれの所得の合計から各種の所得控除を差し引いて納税額が算出される。 　なお，年の途中で会社に勤務から行政書士を開業した場合は，会社勤務期間中の給与は給与所得，開業後に得た報酬は事業所得に分類される。よって確定申告ではそれぞれの所得を合算した金額で申告する。 ・住民税 〜給与所得者は会社が天引きして支払う。個人事業主は自分で支払う。前年度の収入に比例した税額を翌年6月から支払う。 ・健康保険 〜社会保険に加入している会社に勤務している場合は，会社が厚生年金とともに天引きして支払う。退職後は社会保険を2年間任意継続できる。住民税と同様，前年の所得に応じて支払う。 ・国民年金 〜社会保険に加入している会社では，会社が厚生年金として半額負担する。退職後は一定額を自分で毎月支払う。
		・生命保険 〜個人事業主が死亡すると，ほとんどの遺族は生活費が途絶えるだけでなく事業の残務整理までお金がかかる。死亡保険，医療

		保険への加入は怠らないこと。
⑤	セーフティ ネット	・**中小企業倒産防止共済（経営セーフティ共済）** 〜中小企業倒産防止共済法に基づき，独立行政法人中小企業基盤整備機構が運営している。契約者貸付制度もある。 取引先事業者の倒産の影響を受けて，中小企業が連鎖倒産や経営難に陥ることを防止するための共済制度である。支払全額が経費になる。 ・**小規模共済** 〜小規模企業共済法に基づき，独立行政法人中小企業基盤整備機構が運営している。 個人事業を辞めたとき，会社等の役員を退職したとき，個人事業の廃業などにより共同経営者を退任したときなどの生活資金等をあらかじめ積み立てておくための共済制度である。 積立金（月額最高７万円）で廃業したときに支払った金額を受領できる。支払期間中は所得控除，解約金受領時は退職所得として税務申告できる（ほぼ無税）。積立額を担保として借入ができる。 ・**貯蓄**

Column 17

副業の影響

　副業のメリットは収入源を複数から確保できることである。一方，デメリットは業務と心身への負担である。

　開業当初はどうしても業務遂行に余計な時間が掛かる。副業に時間が割かれると一層スピーディーな対応ができなくなる。そうなると業務遅滞によるトラブルが発生する危険性が高くなる。また，官公署の開庁時間は平日の９時から５時が一般的だから，この間の副業は申請の妨げとなってしまう。

　さらに，心身への負担が当然重くなる。その結果，心身の健康を害することもある。

　副業を行う前に，副業を行った場合の問題点をピックアップして，対応策を講じてから行うのがよいだろう。

Ⅲ-8　「健康」を維持する

　開業すると業務遂行・事務所運営について自分で「考え」「判断」して「行動」し，その結果について全責任を負わなければならない。そのため，開業当初は特にストレスが溜まりやすい。ストレスに押しつぶされて心身のバランスを崩してしまったら，仕事は1ミリたりとも動かなくなってしまう。

　業務を速やかに遂行して事務所を安定的・継続的に経営するには，心身の健康維持は必須の条件である。

(1)　ストレス解消方法を身に付ける

　行政書士は「自分」が売り物（商品）である。ストレスが溜まるとその者の姿は精彩を欠く。そのような者に相談者は不安を感じて依頼をしないだろう。

　また，体調に異変を来たすこともある。病気で倒れても「期限」は待ってくれない。無理を重ねて重篤な病になって「長期休業」してしまう危険性もある。そうなれば，クライアントは離れて収入の道も断たれてしまう（当たり前だが，行政書士に有給休暇はない）。

　このような状態に陥らないために，開業前に「自分に合ったストレス解消方法」を身に付けておくこと。

(2)　健康診断を受診する

　年齢を問わず開業前に人間ドックを受診すること。もし，異常が見付かったら，業務に支障が出ない程度まで治療する。治療に日数を要する場合は，開業時期の見直しを検討すること。

(3)　主治医を見つける

　開業後は必ず定期検診を受診すること。加えて，ちょっとした体調不良でも直ちに相談できる主治医を見つけておけば，重篤な症状に陥るリスクも回避できる。

Column 18
行政書士の「身形」と「受任」

　身形は，相談者の「依頼する・しない」の判断材料に当然なる。相談者が行政書士の身形に嫌悪を催したら，いくら熱意を持って面談に臨んでも依頼するのに躊躇する。

　相談者は「不安」を抱えて行政書士の面前に現れる。清潔感ある整った身形は，相談者に「安心」を与える。安心は行政書士に対する信頼を生み，高い受任率と満足行く報酬の実現につながる。だから行政書士を志す者なら当然気を配らなくてはいけない。

　ただし，身形はセンスがものを言う。自信がない者はセンスがよい人に選んでもらうのがよいだろう。

Ⅲ-9　「現実」を受け入れて「実力」を知る

　開業前に「現実」（行政書士の知名度）を受け入れて，「実力」（自分の実際の力）を知ること。

　このことは「自分の位置」を知ることになる。自分の位置がわかれば，自ずと準備すべきことが見えてくる。

　また，準備段階であちこちの開業セミナーに顔を出して，いろいろな意見に振り回された挙句，時間と金を浪費するといったような "迷走" も避けられる。

　なお，拙著『そうだったのか！　行政書士』で，行政書士の本質について詳述した。開業前に一読すれば "迷走" を回避できる。ご一読いただきたい。

(1)　「現実」を受け入れる

　知り合いに行政書士の合格を伝えてみる。すると「行政書士とはどういう人なの？」「あなたは（私に）何をしてくれるの？」という質問が返ってくるはずだ。そしてその質問に即答できない自分に気付く。まずこの現実を受け入れ

ることだ。そこから「すべき準備」が浮かび上がってくるはずだ。

(2) 「実力」を知る

合格したらできるだけ早く知人に「いつ・どこセミナー」（P85【ここが実務のポイント❼】参照）を開催してみる。きっと相手に自分の専門分野や行政書士の説明が思うようにできないにちがいない。

自信を失うかもしれない。しかし，真摯に開業を目差す者であれば「謙虚に学ぶ姿勢」が生まれるはずだ。この姿勢が開業準備の礎になる。

開業後に実務で通用しない自分の力を知ると，焦りが生じてしまって実務に対応できるまで相当の時間を要してしまう。当然，その間，満足行く報酬を得ることはできない。

合格直後は合格の高揚で「少し勉強すれば実務でも通用する」と思いがちである。しかし，この考えは甘いと言わざるをえない。合格したら，すぐに「いつ・どこセミナー」を開催して自分の実力を知ること。「無知の知」を自覚するのは早ければ早いほどよいのだ。

第IV部

「実務脳」を習得する
（開業準備その2）

「失敗しない体制」を「実務脳」で起動させる

第Ⅲ部で解説した「失敗しない体制」を起動して，業務を速やかに遂行する原動力となるのが「実務脳」(注6)である。

実務脳を習得するには業務の流れを俯瞰できることが前提条件になる。なぜなら，業務を高所から広く見渡して，"着手から完了までの地図"を描くことができなければ，相談者をゴール（問題解決）まで速やかに導くことができないからだ。

そこで第Ⅳ部では，まず行政書士が取り扱うすべての業務に通底する業務遂行のプロセス，すなわち「実務の７つのプロセス」を解説する（第１章）。

次に，開業前に実務脳を活性化する方法を開示する（第２章）。

最後に，開業前の実務脳の試運転の方法（訓練方法）を紹介する（第３章）。なお，この方法は開業前の「見込み客の開拓」に直結する。

(注6)　実務脳とは，「高い受任率」と「満足行く報酬」を実現し，しかも，速やかな業務遂行を可能にする思考回路のことをいう。なお，実務脳の習得には，次の(1)(2)ができる能力を有することが前提条件である。
(1)　事実関係を正確に把握する
(2)　事実関係を基に次の①から④を瞬時にイメージする
　①　ロードマップ（「７つのプロセス」）
　②　業務に潜むリスク
　③　受任を「する」「しない」の判断
　④　費用（報酬・コスト）

> **ここが実務の ポイント❽**　「受験脳」から「実務脳」へ変換する
>
> 　実務を行うにあたり，受験のときの思考回路（受験脳）から実務に対応できる思考回路（実務脳）へ変換する必要がある。
>
> 　円滑に変換するには，まず両者の違いを把握して意識することが求められる。
>
> 【図表35】◆「受験脳」と「実務脳」の違い
>
> | 区　分 | 目　　的 | 相　手 | 性　格 | 求められる能力 |
> |---|---|---|---|---|
> | 受験脳 | 試験に合格する | 試験委員会 | 受動的 | 問いに答える |
> | 実務脳 | ・受任する
・依頼者が納得して，受任者（行政書士）が満足行く報酬を得る
・業務を速やかに完遂する | ・相談者
・依頼者
・官公署（許可権者） | 能動的 | ・事実関係を把握する
・問題を発見する
・発見した問題を解決する道筋（ロードマップ）を描く
・解決に向けて効率よく行動する |

【図表36】◆第Ⅳ部の流れ

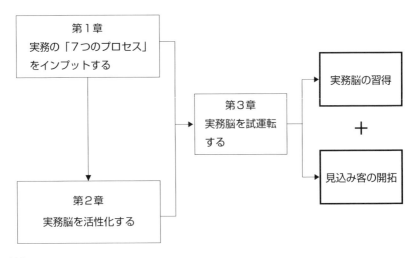

第1章　実務の「７つのプロセス」を
インプットする

行政書士が業として行う業務は原則として本章で紹介する「７つのプロセス」を経る。このプロセスを脳にインプットすれば，面談の場で業務の流れを俯瞰できる。その結果，高い受任率と満足行く報酬の実現可能性が高くなる。

【図表37】◆実務の７つのプロセス

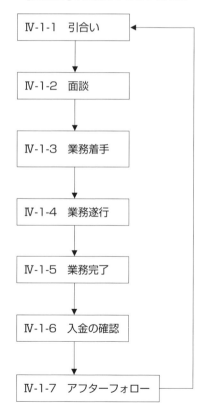

■ Ⅳ-1-1　引合い（P230【実務直結資料4】参照）

　引合いとは，行政書士に相談を希望する者（以下「相談希望者」という）と「面談する・しない」を判断するとともに，「面談」につなげるステージのことをいう。

　「失敗を水際で食い止める」観点から，重要なステージである。引合いは，通常電話またはメールでの問い合わせから始まる。

(1)　面談する・しないの判断基準

　業際違反になる可能性が高く，次の②に該当しない場合は，パートナーに紹介することを検討する（その場合，事前にパートナーに承諾を得ること）。またトラブルになる蓋然性が高い場合（②に該当する場合）は面談を断ること。

①　業際違反になる可能性が高いケース

イ）他の法律で制限されている他士業の業務（行書1の2②・1の3①ただし書）に関する相談

ロ）現に紛争状態が認められるもしくは紛争状態になることが明らかな相談（弁護士法72条にいう法的紛争の「法律事件」に該当する相談）

②　トラブルになる可能性が高いケース

イ）「仕事を紹介する」と“おいしい話”をもちかけてくる

ロ）氏名・会社名を自ら名乗らない

ハ）乱暴な言葉遣いをする

ニ）いきなり「安くしてくれ」と価格交渉をし出す

ホ）一方的に話して人の話を聞こうとしない

ヘ）更新期限が目前に迫っている（行政手続業務）

③ 自分の専門外の相談の対応

「専門外のため速やかに対応できない」と断るか，もしくは②に該当しないケースであれば，問い合わせ内容の専門家（アドバイザー）を知っていれば，「他の行政書士を紹介することもある」と断りを入れた上で面談する。

(2) 聞くこと

「何を」「いつまでに」「どうしたいのか」を聞く。なお，仔細に聞き過ぎると敬遠されてしまって面談につながらないおそれがあるので詳細は面談で聞くようにする。

【図表38】◆引合いで聞くことの事例

区 分	何 を	いつまでに	どうしたい
民 事	遺言書	速やかに	残したい
	遺産の承継		完了したい
行政手続	建設業の更新許可	有効期間内に	取得したい
	風俗営業の許可	開店日までに	

(3) 決めること

面談の日時と場所を決める。なお，中には面談を躊躇する者がいる。この場合は，相談希望者が「聞けるだけ聞く」（お金を払いたくない）または「とりあえず聞く」（問題が切実なレベルではない）と思っている証拠である。

このようなときは受任できる可能性は低いので「では，ご都合がよろしいときにご連絡ください」と告げて対応を止めるのが無難である。

① 面談日時

下調べの期間を考慮して決める。ただし，間隔が空きすぎると相談希望者の気が変わって面談がキャンセルになるおそれがある。1週間以内が望ましい。

②　面談場所

　原則として事務所にする。自宅訪問は案外敬遠されるので注意すること（P 109【Column 19】参照）。また，喫茶店等の第三者が自由に出入りできる場所は，守秘義務（行書12）の観点から好ましくない。やむを得ず外出先で行う場合はレンタルルームなど守秘義務に配慮した「落ち着いて会話ができる場所」にすること。

(4)　告げること

　相談希望者に費用と時間並びに面談当日に用意してもらう資料を告げる。

①　相談料の発生の有無

　有料・無料の別。有料の場合は金額と支払方法（当日現金払い，後日振込等）。

②　相談時間の目安

　ある程度の目安を伝えておく（1時間・2時間・制限なし等）。

③　用意する資料の有無

イ）あり

　一度にたくさんの資料を要求すると，面談までに日数を要してしまう。引合いから面談までの日数を短縮するために必要最小限度に止めること。

ロ）なし

　特に用意する書類がないと判断した場合は「ご相談に関する書類がお手元にあればお持ちください」と告げておく。

ここが実務のポイント❾　引合い段階で話しすぎに注意する

　引合いの段階でも「専門家としての責任」は生じる。引合いで回答したことが原因で相手が不利益を被ってしまったら，たとえ受任していなくとも責任を免れない。しかも，電話やメールで相談に応じるには，豊富な知識と経験知が求められる。したがって，引合いの段階では原則として「一

般論」に止めておくこと。

　身を守る観点からも，個別具体的な質問に対しては，「面談で詳しく話をお聞きしてから検討します」と告げて「会うこと」(「面談」のステージに上げること)に努めること。

Column 19

敬遠される自宅訪問

　行政書士の立場からは，相談者の自宅に伺うことは，相談者の手間を省くので歓迎されると考えがちだが，実は，自宅訪問は敬遠されることが多い。なぜなら，行政書士を迎える準備（掃除，お茶菓子，身支度等）をしなければならないからだ。行政書士に相談していることを「家族に知られたくない」という者も当然いる。

　自宅訪問は相談者からリクエストされた場合に限るのがよいだろう。

Ⅳ-1-2　面談　（P231【実務直結資料５】参照）

　面談は，行政書士が引合いで「会う」と決めた者（面談希望者）と初めて出会う場のことである。

　面談で「受任する・しない」の判断をするとともに，面談の内容次第で「依頼される・されない」「満足行く報酬を得られる・得られない」「業務を速やかに遂行できる・できない」がほぼ決まる。このように面談は，実務の「７つのプロセス」の中で最も重要なステージである。

(1)　面談に臨む心得

　次の３点を念頭において面談に臨む。面談の肝は「事実関係の把握」である。

①　回答の場ではない

　面談の第一の目的は「事実関係の把握」であって，相談者からの個別具体的な質問に回答することではない（ただし，基本書に書かれている程度の質問に回答できなければ相談者に見限られてしまうので受任は覚束無い）。質問に対して断言できない場合は，「一般的には」と前置きして回答すること。

②　「受任する・しない」を判断する場

　「業際違反になる可能性が高いケース」と「トラブルになる可能性が高いケース」（P25「Ⅰ-2-1」参照）に該当するか否かを勘案して，「受任する・しない」を最終的に判断する。

　同様に，相談者も行政書士の力量を面談で判断して「依頼する・しない」を判断する。

③　"後ろ向きの発言"もあり

　「解決できる」「許可を取得できる」「期限に間に合う」など，"前向きな発言"は慎重にすること。

　受任後の事実関係の調査で，面談でヒアリングした内容が事実と違うということがよくある。しかも，相談者の中には自分が行政書士に伝えたことが事実と違っていても，行政書士が面談で発言した前向きな発言を「確定」と捉える者も少なくない。

　したがって，前向きな発言をする際は，「お聞きした内容が事実なら」と前置きを入れること。

　なお，ヒアリングした内容では相談者の悩みを解決したり希望を実現したりするのが困難な場合，現状では「解決できない」「（許可を）取得できない」「（希望する）期限に間に合わない」など"後ろ向きの発見"をするのに申し訳ない気がして躊躇する者がいるが，そのように感じる必要はまったくない。

　相談者はそもそも困難な状況にあるから相談に来ているのだ。"後ろ向きの発言"をせざるを得ないことがあって当然だし，実際に実務ではよくあるこ

とだ。

　同情や希望的観測から“前向きな発言”をして，実際に相談者の期待に応えられないと，相談者が受けるダメージは精神的，金銭的等広範囲に及んでしまう。

　そうなってしまうと行政書士は依頼者が受けたダメージに対して何らかの責任を負うことになる。しかも，依頼者が都道府県知事に対して当該行政書士への懲戒請求を求めて，その結果都道府県知事から処分を受ける可能性も否定できないのだ（行書14・14の３）。

(2)　面談の準備をする

　引合いで得た情報を基に面談の準備をする。面談での相談者とのやり取りをイメージしながら準備すると的確な準備ができる。

①　予習（下調べ）する

　イ）ロ）は必ず行う。状況に応じてハ）ニ）も行う。

　　イ）基本書を読む
　　ロ）実務書をながめる
　　ハ）アドバイザーに相談する
　　ニ）パートナーに受任後の協力を打診する

ここが実務のポイント⓾　資料の準備は最小限にする

　資料がたくさんあると面談が“講義”の雰囲気になってしまって相談者は畏縮してしまう。それに，資料を見せられてもよほどわかりやすい内容でなければその場で十分理解できない（そもそもよくわからないから相談に来ているのだから当然といえば当然）。

　実務に不慣れなときは，相談を受ける行政書士自身が不安なため資料を

たくさん用意しがちである。用意した資料の量が行政書士の"自己満足"にならないように注意したい。

②　確認事項を簡条書きする

相談者に確認・質問する内容（相続人，許可基準等）を簡条書きしたメモ（以下「面談メモ」という，P231【実務直結資料5】参照）を用意する。これにより，確認・質問漏れによる業務遅滞を防ぐことができる。

③　見積の下書きを作成する（P221【実務直結資料1】参照）

面談の場で見積できるように，見積書のフォーマットに業務内容に応じた「項目」とその「単価」を記載しておく（「数量」「時間」「金額」は空欄にしておく）。

面談では，ヒアリングした内容を基に，「数量」「時間」を記載の上，「金額」を算出して見積書を提示する。

④　イメージトレーニングする

挨拶からクロージングまで（次頁「(3)面談の手順」参照）繰り返しイメージする。これをすると相談者を目の前にしてもバタバタせずに行政書士主導で面談を行うことができる。

⑤　雰囲気を整える

相談者がリラックスして話せるように応接室を整理して場の雰囲気を整える。身形も当然雰囲気の一部である。整えておくこと。

ここが実務の ポイント⓫　面談のイメージトレーニングの方法

たとえば「降車する駅までの30分で面談をクロージングする」といったような移動中のイメージトレーニングは集中できるので効果的だ。

　また，イメージトレーニング中に思い付いたことをその場でメモして，後で「面談シート」に加筆しておく。そうすることで漏れのない面談ができる。

(3)　面談の手順

　次の①〜⑩の手順で面談を行う。面談で一番重要なのは「①事実関係を把握する」ことである。

①　事実関係を把握する

　まず相談者に事実関係を話してもらう。その上で行政書士が次のイ）からハ）を行う。

　なお，事の経緯を理路整然と話せる相談者はまずいない。話があちこち飛んだりしても話の腰を折ってはいけない。あいづちやおうむ返しなどを駆使して相談者が気持ちよく話し切れるように努めること。

イ）問題点（課題）を列挙する（明確にする）

　〜問題点（課題）を箇条書きして可視化する。

ロ）問題点（課題）を整理する

　〜イ）で箇条書きした問題点を並び替えたり区分して整理する。

ハ）問題解決のためにすべきこと（業務内容）を明確にする

　〜問題点を整理した上で，問題解決のためにすべきことを提示する。

【図表39】◆事実を把握するプロセス（相続手続業務の場合）

イ）問題点を列挙する　⟶　ロ）問題点を整理する　⟶　ハ）問題解決のために
　　　　　　　　　　　　　　　　　　　　　　　　　　　すべきことを明確にする

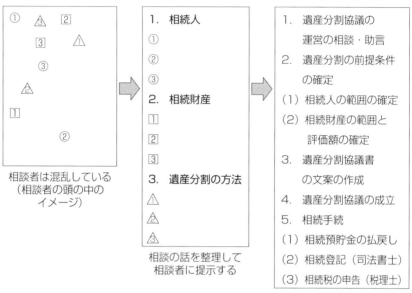

相談者は混乱している
（相談者の頭の中の
イメージ）

1.　相続人
①
②
③
2.　相続財産
1
2
3
3.　遺産分割の方法

相談の話を整理して
相談者に提示する

1.　遺産分割協議の
　　運営の相談・助言
2.　遺産分割の前提条件
　　の確定
（1）相続人の範囲の確定
（2）相続財産の範囲と
　　　評価額の確定
3.　遺産分割協議書
　　の文案の作成
4.　遺産分割協議の成立
5.　相続手続
（1）相続預貯金の払戻し
（2）相続登記（司法書士）
（3）相続税の申告（税理士）

業務を速やかに遂行する

②　受任する・しないを決める（行書11，行書規8）

　業際および倫理両面の観点から，受任の諾否を決める。なお，受任を拒否する場合は，相談者にその事由を説明しなければならない。また，相談者から請求があった場合は，その事由を記載した書面を交付しなければならない。

イ）業際違反の有無

　　a）業務範囲（行書1の2②・1の3①ただし書）
　　　～他士業の業務の場合は，パートナーの紹介を検討する。
　　b）紛争性の有無（弁護72）
　　　～現に紛争状態の場合もしくは紛争が近い将来予見される場合は，パートナーの弁護士の紹介を検討する。

ロ）倫理面での問題の有無（行書倫9）

　～相談が違法もしくは不正な行為を助長する内容の場合は当然だが受任して
はならない。

> **行政書士倫理綱領9条（違法行為の助長等の禁止）**
>
> 　行政書士は，違法若しくは不正な行為を助長し，又はこれらの行為を利
> 用してはならない。

ここが実務の
ポイント⓬
罰則を示して受任する

　「（許可を得なくても）この程度なら営業しても大丈夫でしょ」といった具
合に，行政書士から自分に有利な言質を取ろうとする者がいる。こういう
者には「もし無許可で営業するとあなたにこのような罰則が課せられま
す」と告げて相談内容に係る業法で規定されている「罰則」を示してみる。
　すると，ほとんどの者は許可申請に前向きになる。それでも言質を取ろ
うとしたら直ちに面談を打ち切ること。遵法精神の欠如した者と付き合っ
ても百害有って一利なし。万一受任してしまうと，不法行為を助長した罪
に問われかねない。

---

③　問題解決への道筋（ロードマップ）を明らかにする

（P233【実務直結資料6】参照）

イ）「ロードマップ」を提示する

　～依頼（受任）から問題解決までの「過程」と行政書士および相談者がそれ
ぞれ問題解決に向けて「行うこと」を提示する。これにより，相談者は問題解
決までの道筋がはっきりと見えて混沌の状況から解放される。

ロ）問題点（課題）を指摘する

　～問題解決のために，許可基準を満たしていないなど改善しなければならな

い点があれば，面談時に指摘する。

ここが実務の
ポイント⓭ **「携帯ホワイトボード」で依頼者と情報を共有する**

　依頼者とのトラブルは依頼者と意思の疎通を欠くときによく起きる。裏返していえば，依頼者と「情報の共有」が十分にできればトラブルを予防できる。

　ホワイトボードに要点を書き出してお互い確認し合えば情報を共有しやすい。しかし，常に打合せの場にホワイトボードがあるとは限らない。

　そこでホワイトボードがなければ「A3用紙」と「クリップボード」をホワイトボード代わりにしてみる（名付けて「携帯ホワイトボード」）。

　携帯ホワイトボードに要点を書き出して，相談者に見せて確認しながら打合せを進めれば，相談者はより理解しやすい。打合せ終了後，その用紙のコピーを相談者に手渡せば，より確実に依頼者と情報を共有できる。

◆携帯ホワイトボード

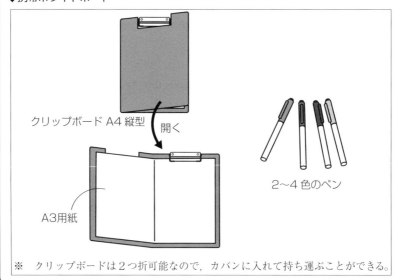

クリップボード A4 縦型　　開く

A3用紙

2～4色のペン

※　クリップボードは2つ折可能なので，カバンに入れて持ち運ぶことができる。

---

④　業際を説明する

業際に関して次のイ）ロ）を説明する。面談時にこの説明をしないで受任してしまうと，受任した案件が業際違反に発展しても辞任できなくなったり，辞任した場合に依頼者と報酬等をめぐるトラブルになったりするおそれがある。

イ）パートナーが関与する場合がある（行書1の2②・1の3①ただし書）

～登記や税務申告など他の法律において制限されている業務が発生した場合は，パートナーが業務を遂行し，費用も別途発生する。

ロ）弁護士に引き継ぐ場合がある（弁護72）

～紛争状態になってしまうと行政書士は業務の関与ができなくなる。そのため弁護士に業務を引き継ぐか，もしくは辞任する場合がある。

ここが実務の ポイント⓮　　**相続業務では業際が「強み」になる**

大勢の行政書士は業際を行政書士の業務を制限する「弱み」と捉えている。しかし，相続業務では一転して「強み」になる。

遺産分割の面談で業際について相談者に説明した上で「私（行政書士）が（相続人間に）紛争性を認めたら法に基づいて，直ちに業務を中止して辞任します」と着手前に断りを入れておく。そして，紛争状態になってしまったら時間と費用を費やすことになることを暗に伝える。

もし，相談者が「この行政書士に依頼したい」「早く解決したい」と思うなら行政書士に依頼して紛争状態にならないように努めるはずである。その結果，行政書士は案件を受任して相談者は問題を速やかに解決できるのである。

このように相続業務では業際は行政書士にとって「受任」のキーワードとなる。しかも相続人間の紛争を抑止する切り札にもなるのである。

---

⑤　アドバイザーが関与する場合があることの了解を得る（行書規4）

　業務を速やかに遂行するために，他の行政書士に業務の一部を任せる場合があることを伝えておく。

⑥　見積を提示する

　ヒアリングの内容に基づいて「見積書の下書き」に「数量」「時間」「金額」「支払い条件」「見積の有効期限」等を記入して見積書を完成させて相談者に提示する。

　なお，次のイ）ロ）の場合は追加または別途料金が発生することを口頭で告げるとともに見積書に明記しておくこと（P221【実務直結資料1】参照）。

　　イ）面談でヒアリングした内容と受任後に調査した結果，事実関係が相違した場合（追加料金の発生）
　　ロ）他士業（パートナー）が関与する場合（別途料金の発生）

Column 20
費用に関しては相談者と「対立関係」にある

　売主である行政書士は自己のサービスをより高く売ろうとし，買主である相談者は良質なサービスをより安く買おうとする。つまり，両者は費用に関して対立関係にあるのだ。

　買主（相談者）主導で費用が決められたら，売主（行政書士）の利益は必然的に減少する。したがって，売主の利益を増やすには，売主主導で費用を決める必要がある。そのためには，見積に「（問題解決のために）これだけの業務を行うのだから，この程度の費用はかかるだろう」と買主を納得させるだけの「根拠」（「ロードマップ」の提示等）がなければ，売主主導で費用を決めることは困難である。

　なお，依頼後に享受するサービスのクオリティが「見積の金額に見合うか

それ以上」と期待させる面談が実施できなければ「満足行く報酬」を得ることができないのは当然である。

⑦　受 任 す る

　見積書を基に，行政書士が相談者に業務内容を説明し，相談者がその費用に合意したら，その証として委任契約を締結して直ちに業務に着手する。

イ）委任契約を締結する（P239【実務直結資料７】参照）

　主な記載事項は次のとおり。

【図表40】◆委任契約書の主要記載事項

	項　　目	ポイント	記　載　例
①	業務内容	行政書士法で許された業務の範囲内で，具体的に「何」をするのか列挙する。	・遺言書の文案作成 ・建設業許可申請　等
②	業務の範囲	業務内容を「どこまで」行うのか列挙する。	・相談 ・書類作成 ・官公署への申請書類の提出代理　等
③	業務の開始	「いつから」業務を開始するのか記載する。	・着手金の受領 ・委任契約の締結　等
④	費　　用	できるだけ具体的に記載する。	・金額 ・支払期日 ・支払方法 （現金・振込，一括・分割の区分） ・振込先（支払方法が振込の場合）等
⑤	免責事項	業際および弁護士法72条による他士業への委任または辞任，もしくは倫理規定に反する事態が生じた場合の対応（辞任等）について記載する。	・相続手続業務における業務遂行中に相続人間で紛争状態が生じた場合の対処 ・業務完遂にあたり，他士業の業務が発生した場合の対処 ・違法もしくは不正な行為を助長するおそれが生じた場合の対処 ・費用が期日までに支払われなかった場合の対処　等

⑥	特　　約	当該案件に特有の予測される事態への費用，業務継続等の対処	・面談でヒアリングした内容と事実関係が異なっていた場合の対処 ・行政手続業務における許可基準を満たさない事実が判明した場合の対処 ・業務を中止した場合の金銭の支払方法（依頼者都合・受任者都合） ・入国管理手続における招へい予定の外国人が申請書作成の途中で入社を辞退した場合（または，受入機関が内定を取り消した場合）の対処　等

ここが実務のポイント⓯　委任契約書はトラブルを想定して作成する

　委任契約書を作成する第一の目的は，業務遂行過程で予測されるトラブルを回避することである。

　したがって，トラブルを予想できなければ，十分な内容の契約書を作成できない。この点は，経験知が乏しい新人の泣き所となる。

　ここでは，業務遂行上で重大なトラブルにつながる事項を紹介する。委任契約書を作成する際の参考にしていただきたい。

(1)　「業務開始」を巡るトラブル

　「依頼した」「受任していない」といったトラブルは意外と多い。しかも，相談者と行政書士双方に深刻な事態を招く。

　たとえば，建設業の更新許可申請の相談で，相談者は面談で「依頼した」，一方行政書士は「相談を受けただけで，受任していない」と認識したとしよう。

　許可の期限が過ぎてしばらくして相談者から「まだ更新の許可は下りませんか？」と問い合わせが来たら大変なことになる。

　相談者は許可が切れてから今まで「無許可営業」をしていたことになる

（無許可営業をした者は，建設業法３条１項・47条１項１号により，３年以下の懲役または300万円以下の罰金に処せられる）。しかも，「新規」で許可を取得しなければならない（当然，許可を取得するまで営業できない。しかも無許可営業をしていたために罰則を科せられた上に新規の許可申請が不許可となる可能性もある）。

　このような事態になってしまったら，相談に応じた行政書士は「知らない」では済まされないだろう。

　相談者と自分の双方を守るために，面談終了時に依頼の意思の有無を確認し，受任した場合は，業務開始日を「契約を締結した日」「着手金の入金が確認できた日」など明確に記した委任契約を締結すべきである。

(2)　「業務範囲」をめぐるトラブル

　業務遂行中に面談でヒアリングした内容よりも業務の難易度が高くなったり，範囲が拡大したりすることがよくある。たとえば次のようなケースがある。

- ・相続人の範囲を調査した結果，面談で聞いた人数より相続人が増えた
- ・遺産分割協議書作成業務で，業務遂行中に相続手続業務まで行うことになった
- ・相続手続業務で，相続預貯金の払戻手続を行う銀行の行数が面談で聞いた数より増えた
- ・風俗営業許可申請業務で，飲食店営業許可まで行うことになった

　依頼者は，面談時の条件より業務が難化・拡大しても，着手時の条件で業務を遂行するのが "行政書士のサービスの一環" と捉えがちである。そうなると増えた分の業務を無料で行わなくてはならなくなる。

　このような事態にならないために，契約書に「業務範囲」を明確に記載すること。そうすれば，業務遂行中に新たな事実が判明して業務が難化・

範囲が拡大した場合に「難化・拡大した分」の業務に対する費用を請求しやすくなる。

(3) 「辞任」をめぐるトラブル

　業務の途中で業際違反の可能性が生じた場合は辞任することができることを必ず記載しておくこと。その他「職業倫理に反する依頼は一切受け付けない」など，身を守るための「出口」を確保しておくこと。

　以上のように委任契約書は「自分を守る盾となる文書」である。このことを肝に銘じて，受任した際は委任契約を締結するように努めること。

ロ）委任状を取得する（P243【実務直結資料8】参照）

　業務を速やかに遂行するために，面談の場で委任状に署名・押印をもらうように努めること。そうすれば，受任当日に業務に必要な資料（「固定資産税評価証明書」「身分証明書」等）を官公署に請求できる。

ハ）提出書類を指示する

　依頼者に，委任状で入手できない書類（「印鑑登録証明書」等）の提出を指示する。郵送で送ってもらう場合は返信用封筒もしくはレターパックを渡すこと。なお，返信用封筒に切手を貼り付けること。

二）帳簿に記載する（行書9）

　帳簿に，受任した案件の名称・年月日・受けた報酬の額・依頼者の住所氏名等を記載する。

　行政書士には誠実に業務を行い信用を旨とすべき責務が法定されており（行書10），原則事務所における業務（行書8①），「帳簿」等の備付（行書9①）は，その証の一つにほかならない（『コンメンタール』P105参照）。

ここが実務の
ポイント⓰　　相談者が面談で依頼を留保した場合

　相談者が面談で依頼を留保したら「回答期限」を告知する。そうしない
と、しばらくの間「受任できるのか、できないのか」と気を揉むことになる。

　また、相談者の中には依頼を留保したことを忘れて「依頼した」と思い
込んでいる者もいる。この場合、更新許可申請だと許可の期限が切れてし
まって営業ができなくなる。しかも更新ではなく新規で許可を取らなけ
ればならなくなる。当然懲戒処分や損害賠償等の重大な問題に発展する
（P120【ここが実務のポイント⓯】参照）。

　回答期限が過ぎても何らの返答がなかったら、メールや電話で「先日の
ご相談の件ですが、その後いかがでしょうか」と一言通知しておく。そう
すれば、「依頼した」「受任してない」のトラブルを回避できる。

Column 21
「相談者」が「依頼者」に変わる瞬間

　面談で相談者が「このような知識と経験が備わった者（行政書士）に依頼
すれば安心できる」「（問題解決までのプロセスと見積の説明を聞いて）このよう
なことまでやってもらうのだから、この程度の費用は納得できる」のように、
行政書士の知識と経験知に満足して費用に納得した瞬間、相談者は依頼者に
変わる（すなわち、行政書士が受任できる）のである。

---

⑧　報酬を請求する

　事務所を安定的・継続的に経営するには、報酬の「早期請求・早期回収」が
鉄則である。したがって、原則として面談当日に依頼者に請求書を交付する。

　面談当日に交付できなかった場合は、受任日の翌日に依頼者にメールまたは

郵送で届けること。

⑨　連絡方法を確認する

　依頼者の中には，行政書士に相談していることを家族や会社に知られたくない者がいる。そのため，今後の連絡方法を確認しておくこと。なお，このことは，守秘義務（行書12）の観点からも重要である。

⑩　次回の打合せのアポを取る

　次回の打合せの「テーマ」と「日時・場所または手段（オンライン等）」を決める。これによりスケジュールが明確になるので業務遅滞を防げる。なお，面談後の最初の打合せで多いテーマは，事実関係の調査完了後に行う「事実関係の調査報告」である。

ここが実務のポイント⓱　「本人確認」をする

　本人に成りすまして行政書士に職務上請求書を使用させて他人の戸籍謄本や住民票の写し等の身分関係の書類を取得しようとする者がいる。

　「見知らぬ者」から依頼がきたら運転免許証やマイナンバーカード・在留カード等の写真付身分証明証を提示してもらうなどして，本当に本人であるのか必ず確認すること。本人確認を怠って第三者に損害を与えたら重大な人権侵害になる。行政書士はたとえだまされたとしても，当然責を免れない。

　このように，行政書士は被害者であると同時に加害者にもなることがある。十分注意すること。

> ここが実務の
> ポイント⑱
>
> ### 打合せは「決める場」である
>
> 　打合せは「決める場」である。たとえば，面談では「受任する・しない」,「費用」「次回の打合せ場所・日時」等を決める。
>
> 　打合せで「そんな感じで」「とりあえずこの方向で」など曖昧な表現は禁句である。これでは "打合せをしたつもり" であって仕事が前に進まないばかりか，時間のムダである。業務遅滞によるトラブルにも直結する。
>
> 　打合せでは「これでいいですか」「こういうことですね」「こうしてください」といった具合に「確認」し「結論」を下し「指示」をして双方の理解を整えて確実にゴールに向かって前進すること。それができなければ打合せをする意味がほとんどない。

Column 22

打合せとペットボトル

　相談者に出す飲み物はペットボトル飲料がお勧めだ。用意や後片付けの手間が省けるし，なにより衛生的だからだ。

　相談者が好みの飲み物を選べるように日本茶・麦茶・紅茶・コーヒー・ミネラルウォーター等を用意しておく。サイズは飲み切れる小容量タイプがお薦めだ。

Ⅳ-1-3　業務着手

　業務遅滞を回避するために受任当日に次の(1)(2)を行う。

(1)　官公署に証明書を請求する

　事実関係を調査するために，官公署に証明書を郵送等で請求する。通常，投

函から1週間程度で返信される。

【図表41】◆事実関係の調査に必要な書類

No.	調査内容	書　　　　類
①	身分関係	・戸籍謄本 ・住民票の写し　等
②	人的要件	・登記されていないことの証明書 ・身分証明書　等
③	法人	・全部事項証明書　等
④	不動産	・登記事項証明書 ・固定資産税評価証明書　等

ここが実務の　ポイント⓲　「職務上請求」は特別に認められたもの

　行政書士は職務を遂行するために「職務上請求書」を使用して他人の戸籍謄本，住民票の写し等を市区町村役場に請求して取得できる。これは戸籍法10条の2第3項および住民基本台帳法12条の3に基づいた「特別に認められた制度」である。

　この制度は，国家資格者としての国民の信頼に基づき，迅速な事務処理の実現によって国民の利便性に資し，もって国民の権利利益の実現に資するために設けられたものである。万一，不適切に利用すると重大なプライバシー権の侵害を引き起こし，国民の信頼を失うことになる（しかし，職務上請求書の不適切な使用による懲戒処分が後を絶たないのが現実である）。

　行政書士は，以上のことを十分認識して職務上請求書を適正かつ適法に使用しなければならない。

(2)　チームを編成する

　受任した業務を完遂するために，他の者の専門知識または業際により他士業

の協力の必要性が予測される場合は，アドバイザーやパートナーに協力を打診または要請する。

ここが実務の
ポイント❷ 「ファシリテーター」としての行政書士の役目

　アドバイザーやパートナーと協力して業務を遂行するとき，行政書士はファシリテーター（仕切る人）としての役目を果たさなければならない。

　ファシリテーターの任務は，依頼者並びにアドバイザーとパートナーとの間を調整し，問題解決というゴールに全員を速やかに導くことである。

　そのためには，業務全体を俯瞰できて業務の流れが見えていなければならない。また，関係者（依頼者およびアドバイザーとパートナー）を統率できなければならない。つまり，「誰」が「何」を「どのタイミング」で行うのかを理解でき，なおかつリーダーシップがなければファシリテーターとしての役目を果せないのである。

　ただ単にアドバイザーやパートナーに「仕事を振る」だけではファシリテーターとしての役目は当然果たせないし，行政書士の存在価値もほとんどない。そればかりでなく，業務を無駄に遅らせる「邪魔者」として業務遅滞の原因にもなりかねないのだ。

Ⅳ-1-4　業務遂行

　次の(1)から(4)の手順で業務を遂行する。なお，業務とは，行政書士法で規定されている行政書士が行うことができる業務全般を指す。

(1) 事実関係を調査する

　面談でヒアリングした内容を公的証明書（「戸籍等本」「住民票の写し」「全部事

項証明書」「登記事項証明書」等）で確認（裏付け）する。

　なお，面談でヒアリングした内容と事実関係が一致しない場合は，相違点を明確にして次項(2)で依頼者に報告する。

(2)　事実関係調査の結果を依頼者に報告して今後の対応を決める（中間報告）

　事実関係の調査結果により，次の①〜④のいずれかの対応をする。

①　面談の内容と事実関係が一致した場合

　事実関係を説明した上で，今後のスケジュールを提示する。

②　面談の内容と事実関係が相違した場合

　事実関係を説明した上で，相違点を指摘する。相違点が原因で面談で提示した「費用」と「ロードマップ」（計画）に変更が生じる場合は，改めて提示する。

　行政書士が改めて提示した費用（再見積書）とロードマップを，依頼者が合意・承認すれば業務を継続する。合意・承認しなければ業務中止を含めて検討する。

③　業際問題が発生する場合

　業務遂行上，登記・相続税の申告等の業際問題が発生する場合は，パートナーに事実関係を報告して，受任の諾否を確認する。承諾を得た場合は見積を取る。その上で，依頼者にパートナーへの業務の委託と費用について説明する。その結果，依頼者の承諾を得たら業務を継続する。

④　「行政書士倫理綱領」に抵触する事実が認められた場合（行書倫14条等）

　事実関係調査の結果，依頼の趣旨が，目的，内容または方法において不正の疑いが認められる場合は，委任契約（P 119参照）に基づき業務を中止する。

> **行政書士倫理綱領14条（不正の疑いがある事件）**
>
> 　行政書士は，依頼の趣旨が，目的，内容又は方法において不正の疑いがある場合には，事件の受任を拒否しなければならない。

(3)　書類を作成する

事実関係に基づいて書類を作成する。

> **ここが実務の　ポイント㉑**　「読みやすい書類」を作成するために求められること
>
> 　読みやすい書類を作成するには，まず「受け手目線」になることが大切である。「受け手」とは，たとえば行政手続業務では申請窓口の担当官，公正証書遺言作成業務では公証役場の公証人が該当する。
>
> 　自分が受け手の立場だったらどのような書類を受け取りたいのか想像してみる。すると自ずと次のような望ましい書類の「あるべき姿」が脳裏に浮かぶ。
>
> ①　わかりやすい
>
> 　読み返さなくてもスッキリ頭に入る書類。
>
> ②　見やすい
>
> 　パッとみて「読んでみたい」と思わせる書類。提出した書類の内容が一目でわかる「表紙」（目次）を付けたり，書類を綴る順序を工夫してみる（P131【ここが実務のポイント㉓】参照）。
>
> ③　気が利いている
>
> 　書類の信ぴょう性を補強するために，「官公署が求めている以外の書類」を添付する。いわば受け手を「この書類を添付するとは気が利いてい

るな」と唸らせる書類である。

　なお，「読みやすい書類」を作成するには，「文章力」と「業務に精通していること」の2つを，作り手である行政書士が備えていることが前提条件になる。

ここが実務の
ポイント㉒　　**書類の出来に自信がないとき**

　作成した書類に「これで大丈夫だろうか…」と自信が持てないときは，官公署または依頼者に提出する前に，アドバイザーに確認してもらうこと。
　なお，確認してもらう場合は，事前に次の準備をしておくこと。

　・事実関係を理路整然と伝えられるようにしておく
　・疑問点を的確に聞けるように整理しておく

　また，本申請の前に「事前相談」の窓口を設けている官公署もある。積極的に利用したい。

Column 23
時間泥棒

　自分の頭の中が混乱したままでアドバイザーに「教えてください」といきなり電話やメールをする者がいる。このような状態で質問されたら，アドバイザーは質問の内容を理解して回答するのに時間がかかってしまう。また，聞くだけ聞いて，事の顛末を一切報告しない者もいる。
　このような者を，業界用語で「時間泥棒」という。いったん，時間泥棒とみなされてしまうと，再度「教えてください」とアドバイザーを頼っても，

「忙しいから」とやんわり断られてしまうのが落ちだ。

　優秀なアドバイザーは多忙だ。「貴重な時間を割いてもらっている」という謙虚な気持ちが，アドバイザーから「経験知がないと得られない貴重な助言」を引き出すのだ。

(4)　書類を提出する

①　行政手続業務の場合

イ）予約の有無を確認する

　依頼者の代理人として官公署に書類を提出する（行書1の3①一）。

　なお，提出に「事前予約」が必要な官公署がある。この場合，予約なしでいきなり申請窓口に行っても担当者不在等の理由で受理されないことがある。また，インターネットでの申請も普及しているが，窓口で学ぶことも多々あるので，開業からしばらくは直接窓口に出向いて申請することをお勧めする。

ロ）想定される質問の回答を用意して臨む

　書類を提出すると，担当者から申請書類の内容について質問を受け，説明を求められる。申請書類の内容を十分把握して臨むことは当然であるが，加えて質問が予想される点については，事前に回答を用意しておくこと。

②　民事業務の場合

　「Ⅳ-1-5」（P132）のとおり。

ここが実務の ポイント㉓　官公署への申請をスムーズに行うための肝

（P250【実務直結資料9】参照）

　担当官が最も知りたいことは「この申請は『許可基準』を満たしているか否か」である。

　そこで申請の冒頭に本申請が許可基準を満たしていることを簡潔に説明

すると，担当官は「この行政書士は業務を理解している」と行政書士を信頼する。この信頼感が申請を許可までスムーズに導く原動力になるのだ（「許可基準」についてはP141参照）。

　なお，申請書類には提出書類の明細を記載した「表紙」（目次）を付けること。担当官は表紙を見れば瞬時に申請内容の全体像を把握でき，申請内容と書類の漏れの有無等を判断できる。その結果，速やかな審査が期待できる。

Ⅳ-1-5　業務完了

次の(1)から(4)を経て業務を完了させる。

(1)　依頼者に業務の顛末を報告する

受任から業務完了までの経緯を報告する。

(2)　依頼者に資料を納品する

　依頼に係るすべての書類（申請書・添付書類の写し）および預かった書類の中で要返却の書類を引き渡す。

　なお，手元に写しを取っておくこと。次回の依頼（許可申請であれば更新許可申請，遺言書作成業務であれば遺言執行・相続手続）に速やかに対応できる。

ここが実務のポイント㉔　　**重要書類は手渡しする**

　再発行できないまたは再発行するのに官公署へ一定の手続が必要になる「重要書類」は，依頼者に手渡しすること。

　たとえば，行政書士が本人の代理で官公署から許可証を受領することがある。その場合，本人に許可証を手渡しで引き渡すと同時に，「受領証」

（P286【実務直結資料13】参照）に受取の署名をもらうこと。

　なお，やむを得ず郵送する場合は，必ず「書留」を利用すること。書留は郵便局での引き渡しから配達までの送達過程が記録される。また，書留には３種類（一般書留・簡易書留・現金書留）があるが，一般書留には「配達証明」を付けることができる。配達証明は郵便物を配達した事実を証明することができる。このように，書留を利用することで「受け取った」「受け取らない」の問題を防ぐことができる。

　以上のことは，入国管理業務で預かることがある「パスポート」「在留カード」，相続手続で預かることがある「公正証書遺言」「戸籍謄本」「登記済権利証」等についても同様である。

　なお，その他にレターパックプラス，レターパックライトもあるが，送付する書類に応じて適宜判断して利用すること。

⑶　「請求書」を発行する

　業務完了後，直ちに請求書を発行して依頼者に届ける。業務完了報告の際に手渡すのがベストである。

⑷　連絡する承諾を得る

　業務完了後に，依頼者に年賀状・暑中見舞い・メール等で「時候の挨拶」や「（取得した許可の）更新のご案内」を送る。

　このように関係を継続すれば，許可の更新や相続の相談等が生じた場合に，真っ先に思い出される存在になれる。

　なお，行政書士に相談したことを周りに伏しているなどの理由で家族や勤務先に行政書士に相談したことがわかると都合が悪い依頼者もいる。そのため，依頼書に必ず事前に承諾を得て都合のよい連絡手段を確認すること。

■ Ⅳ-1-6　入金の確認

依頼者から報酬を受領したら直ちに「領収書」を発行して依頼者に交付する（行書規10）。

| ここが実務の
ポイント㉕ | 支払期日に報酬が入金されなかった場合の対応 |

　振込期日に入金が確認できなければ，ためらわずに依頼者に確認する。

　「お振込みをお願いした期日にご入金が確認できませんでした。お手数ですがご確認頂けませんでしょうか」と未入金の事実を伝え回答を促す。

　依頼者が失念していることもある。この場合，催促しなければいつまで経っても入金されない。入金の遅れは事務所にとって当然だが不利益である。入金の遅れの対策は「早期発見」「早期催促」が鉄則である。

■ Ⅳ-1-7　アフターフォロー

業務が完了した後も，次の方法で依頼者と継続的な関係を築くようにする。

(1)　定期的に連絡する

「Ⅳ-1-5(4)」（P133）で依頼者に承諾を得た手段で連絡する。年賀状・暑中見舞い等の"時候の挨拶"を定期的に届けることで，自らの存在を相手の脳に焼き付けることができる。

　すると，いざというときに「行政書士の〇〇先生」と真っ先に浮かぶ存在になる。定期的連絡は"脳のSEO対策"になるのである。

(2)　更新日を知らせる

行政手続で許可を取得した依頼者には，「更新のお知らせ」を依頼者が希望する手段で通知する。

　各官公署の更新許可申請の受付開始日を調べて，余裕をもって許可申請ができる頃に通知するのがよい。

　たとえば，出入国在留管理庁は「在留資格更新許可申請」を6か月以上の在留期間を有する者にあっては在留期間の満了する概ね3か月前から受け付ける。したがって，在留期限の5か月前頃に通知するのがよいだろう。

　また，建設業の許可の有効期限は5年である（建設3）。引き続き建設業を営もうとする場合は許可の満了する日の2か月前から30日前に更新の申請をしなければならない（同法施行規則5）。したがって，許可満了日の4か月前頃に通知するのがよいだろう。

Column 24

実務を「確認の場」にする

　開業前に「実務を開業準備期間中に学んだことの"確認の場"にする」という意気込みで勉強する。

　すると開業後の実務で「開業準備で勉強したことが，実務でこのように活かされているのか！」と実感できるはずだ。そうなれば，実務脳の精度を短期間で高めることができ，しかも失敗なく業務を速やかに遂行できる。

第2章 実務脳を活性化させる

　開業直後から実務に対応するには，実務脳に刺激を与えて動きを活発にしておくこと，つまり実務脳の活性化が必要である。そこで本章では，実務脳を活性化させるトレーニング方法を紹介する。

　なお，本章では実務の"落とし穴"（失敗に直結する場面）を紹介した。失敗を知ることは，実務を脳に焼き付けるのに役立つ（「このような事態に陥りたくない！」と注意力が高まるから）。実務では，「失敗しないこと」がなにより大事である。しっかり頭に叩き込んで欲しい。

Ⅳ-2-1　行政手続業務の実務脳を活性化させる

　あらゆる行政手続業務に通底する実務脳の活性化方法は次のとおりである。

(1)　行政手続業務の内容を知る

　行政手続業務の内容は，「相談」「事実関係調査」「書類作成」「提出代理」の以上4つに区分できる。

【図表42】◆行政手続業務の4つの区分

No.	区　分	内　　　　容
①	相談業務	許可の取得を検討もしくは必要としている者から，許可取得に関する「許可の内容」「許可取得の必要性の有無」「許可取得の見込み」「申請書類作成」「スケジュール」「費用」等について相談を受ける（行書1の3①四）。
②	事実関係調査業務	受任後に，面談で聴取した内容を公的書類（「登記事項証明書」「住民票の写し」「戸籍謄本」「身分証明書」「登記されていないことの証明書」等）で確認する。 この時点で許可取得に求められる条件（許可基準）に満たない要件があれば，依頼者に指摘した上で，今後の業務進行について，

		業務継続・中断・中止のいずれかを選択するか協議して決める。
③	書類作成業務	すべての許可基準を満たしていることが確認できたら，申請書を作成する（行書1の2①）。
④	提出代理業務	申請書が完成したら，申請人（＝依頼者）の代理人として，申請書を許可権者である官公署の窓口に提出する（行書1の3①一）。

(2)　許可業務の客像を知る

　許可とは，行政法学上，本来だれでも享受できる個人の自由を，公共の福祉の観点から一旦禁止し，個別の申請に基づいて特定の場合に解除する行政行為である。許可業務の客像は次表の5つに区分できる。その中でも「新規事業」「事業拡大」型が大半を占める。

　すべての依頼者は「早く許可を取得したい」から行政書士に依頼する。だから「業務を速やかに遂行すること」が依頼者の期待に応えることになる。反対に，「業務を遅滞させること」は依頼者の期待を裏切りクレームを付けられることになる。このことを肝に銘じておくこと。

【図表43】◆行政手続業務の5つの客像（依頼者）

No.	客　像	特　　徴	依頼する動機
①	新規事業型	新たに事業を行うにあたり，許可が必要になった者	
②	事業拡大型	事業を拡大するにあたり，許可が必要になった者	
③	行政指導型	無許可営業等が原因で，行政から許可取得を促された者	早く許可を取得したい！
④	取引先主導型	取引先から，許可の取得を取引継続の条件にされた者	
⑤	更新型	既に取得している許可の更新を希望する者	

(3)　行政手続業務の"落とし穴"を知る

　依頼者は，前述のとおり行政書士に行政手続業務を新規事業や事業拡大等の

ために依頼する。新規事業や業務拡大には相当な資金がかかり大勢の人が関わることが珍しくない。行政書士の不手際で不許可になったり計画どおりに許可が下りなかったりすると依頼者は損害を被ってしまう。

　たとえば，行政書士が風俗営業許可を取得してスナックをオープンしたい依頼者に，「営業禁止地域」（風営法4②二）であるにもかかわらず「この場所でスナックを営業できます」と言ってしまったらどうなるであろう。依頼者は営業禁止地域にある店舗を賃貸借契約して敷金・礼金，店の内装，人員の手配等を済ませた挙句「不許可」が出て営業できない事態に陥ってしまう。当然莫大な損害を蒙る。

　また，たとえ許可が下りても，面談で提示した予定どおりに許可が下りなければ，その間営業ができず損害を被る。

　このような事態を引き起こしてしまったら行政書士は「知らない」では済まされない。状況によっては，依頼者から損害賠償を請求されたり（下記「図表44」参照），行政書士会や都道府県知事から処分を受けることもある（行書14）。

　行政手続業務における以上のような失敗は，次の2点が原因になることが多い。

①　できないことを「できる」と言う（思わせる）
　〜「許可基準」に対する無知が原因（P141「Ⅳ2-1(4)①ロ」参照）

②　期限を守らない
　〜業務を俯瞰できないことが原因

【図表44】◆事故事例とその保険金支払額

No.	事　故　事　例	支払保険金
①	風俗営業許可申請に対する保護対象施設有無の判断の誤り	約3,400万円
②	入札参加資格登録審査申請書の作成の誤り	約1,300万円
③	建設業許可の更新手続の失念	約1,000万円
④	入札参加資格登録審査申請書提出の忘失	約900万円

参考：『日本行政書士会連合会行政書士賠償責任補償制度』（2023年度版）パンフレットより

⑷　行政手続業務の実務脳の習得方法

次の方法を実践すれば，行政手続業務の実務脳を効率よく習得できる。

①　業法を実務家の視点で読む

そもそも建設業法などの「業法」がなぜあるのか（業法の「**目的**」）。許可を取得するにはどのような要件があるのか（「**人・物・金の3つの要件**」）。それに伴いどのような罰則が設けられているのか（「**罰則**」）。以上の3点を意識して業法を読み解く。すると，実務に鋭敏に反応できる思考回路を構築できる。

イ)「目的」を読み解く（行書1条）

目的には，業法が「実現を目差すこと」と，それを実現するために「規制・制限すること」，または「措置を講ずること」が書かれている。

実務で判断に迷ったときに，目的を見直すと選択すべき道筋が見えてくる。

以下，「建設業法」「風俗営業等の規制及び業務の適正化等に関する法律」（風営法）「貨物自動車運送事業法」の目的を掲示する。

「そもそもこの法律は何のために成立されたのか」という視点でじっくりと読み解いて欲しい。

【図表45】◆行政書士の主要業務の業法の目的

No.	業務	業法	目的（第1条）
①	建設業	建設業法	この法律は，建設業を営む者の資質の向上，建設工事の請負契約の適正化等を図ることによって，建設工事の適正な施工を確保し，発注者を保護するとともに，建設業の健全な発達を促進し，もって公共の福祉の増進に寄与することを目的とする。
②	風俗営業	風俗営業等の規制及び業務の適正化等に関する法律（風営法）	この法律は，善良の風俗と清浄な風俗環境を保持し，及び少年の健全な育成に障害を及ぼす行為を防止するため，風俗営業及び性風俗関連特殊営業等について，営業時間，営業区域等を制限し，及び年少者をこれらの営業所に立ち入らせること等

			を規制するとともに，風俗営業の健全化に資するため，その業務の適正化を促進する等の措置を講ずることを目的とする。
③	運送業	貨物自動車運送事業法	この法律は，貨物自動車運送事業の運営を適正かつ合理的なものとするとともに，貨物自動車運送に関するこの法律及びこの法律に基づく措置の遵守等を図るための民間団体等による自主的な活動を促進することにより，輸送の安全を確保するとともに，貨物自動車運送事業の健全な発達を図り，もって公共の福祉の増進に資することを目的とする。

※業法と行政書士業務の関連は，拙著『そうだったのか！』の「専門分野発見リスト」に詳しい。

ロ）許可の「３つの要件」を読み解く（「人」「物」「金」）

　ほとんどの業法は，その「目的」を達成するために，申請者に許可要件として「人」「物」「金」の３つの要件に一定の基準を課している。つまり，行政は３つのすべての要件の基準をクリアした者に対してのみ，許可を与えるのである。３つのそれぞれの要件は次のとおりである。

【図表46】◆許可の３つの要件（建設業法の場合）

No.	要件	内容	事例（建設業法）
①	人的要件	許可に関わる者（個人，法人役員，管理者等）に一定の条件（学歴・職歴・資格等）並びに欠格要件を設ける。	・７条１号（経営業務の管理責任者） ・７条２号，15条２号（専任技術者の設置） ・７条３号（誠実性） ・８条，17条（欠格要件）
②	物的要件	事業を行う営業所等の設備や場所について一定の基準を設ける	・３条（建設業の許可）
③	財産的要件	事業を行うにあたり，一定の資金を設ける	・７条４号（一般建設業） ・15条３号（特定建設業）

　以上「人」（人的要件），「物」（物的要件），「金」（財産的要件）３つの要件にどのような規制・制限または措置を講じているのかを意識して業法を読み解くと，深く理解できる。

ハ) 罰則を読み解く

　許可要件と合わせて罰則を見ると，法を体系的に理解できる。

　また，相談者に面談の際に無許可営業をはじめとした罰則を説明すると受任率が高くなる。誰しも罰を受けたくないからである。

【図表47】◆無許可営業の罰則

No.	法　律	条　文（罰則）	内　　容
①	建設業法	・3条1項 ・47条1項1号 ・47条2項	3年以下の懲役又は300万円以下の罰金に処し，懲役及び罰金を併科できる。
②	風俗営業等の規制及び業務の適正化等に関する法律	・3条1項 ・49条1号	2年以下の懲役若しくは200万円以下の罰金に処し，又はこれを併科する。
③	貨物自動車運送事業法	・3条 ・70条1号	3年以下の懲役若しくは300万円以下の罰金に処し，又はこれを併科する。

【図表48】◆実務家の業法を読み解く視点

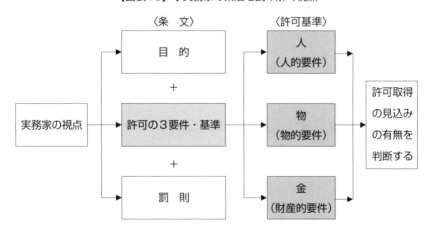

②　面談メモを作成する（P231【実務直結資料5】参照）

　自分が専門分野にする業務を受任したことを想定して「面談メモ」を作成してみる。

　目の前に相談者がいる場面をイメージすると「聞くこと」「確認すること」「伝えること」「決めること」が思い浮かんでくる。まずはその思い浮かんできた事項を箇条書きしてみる。次に，箇条書きした事項を結合したり取捨選択するなどして構成する。その作業を繰り返していくと面談メモがだんだんと充実してくるのが実感できるようになる。

　なお，面談メモは自分で作り上げることに意味がある。なぜなら，面談メモを作成する過程で「相談者」と「面談場面」がより具体的にイメージでき，そのことで実務脳が活性化されるからだ。

Column 25
行政書士会の研修を「確認の場」にする

　開業すると日本行政書士会連合会と所属行政書士会（事務所を設置した都道府県の行政書士会）が主催する研修会に参加できる。参加費用は無料または1,000円から3,000円程度である。

　これらの研修は実務に直結した具体的な内容が多い。このような「具体的」な研修は，基本（研修の対象の法律）と全体像（業務の流れ）を把握していないと「なんとなくわかった気がする」程度しか理解できない（当然，実務で通用しない）。

　開業準備の段階で，実務脳を習得して活性化しておけば，「具体的」な研修を開業準備の段階で習得した知識の「確認の場」とすることができ，研修の内容を実務で直ちに活用することができるのだ。

Ⅳ-2-2　遺言作成業務の実務脳を活性化させる

　遺言書作成業務は，行政書士法1条の2第1項の「その他権利義務又は事実証明に関する書類作成」に該当する代表的な業務である。遺言作成業務の実務脳の活性化方法は次のとおりである。

　なお，詳しくは，『遺言・相続実務家養成講座』を参照されたい。

(1)　遺言作成業務の内容を知る

　遺言作成業務の内容は「相談」「事実関係調査」「書類作成」の3つに区分できる。

【図表49】◆遺言作成業務の3つの区分

No.	区　分	内　　　容
①	相談業務	遺言書の作成を希望している者から，遺言書作成に関する「法的効果」「成立要件」「選択すべき遺言の種類」「作成手順」「費用」等について相談を受ける（行書1の3①四）。
②	事実関係調査業務	受任後に，面談で聴取した内容を公的書類（「戸籍謄本」「登記事項証明書」等）で確認する。 この時点で，面談の内容と相違する事実が判明したら，依頼者に指摘した上で，今後の業務進行について業務継続・中断・中止のいずれかを選択するか協議して決める。
③	書類作成業務	相続関係・相続財産に関する事実関係が確認できたら，次の手順で作成する（行書1の2①）。 イ）自筆証書遺言の場合 　a）文案を作成する 　b）依頼者に文案を説明して内容について了承を得る 　c）依頼者が文案を自書・押印する 　d）法的要件を満たしているか確認する 　e）保管方法について助言する（法務局における遺言書の保管等） ロ）公正証書遺言の場合 　a）文案を作成する 　b）証人を手配する 　c）公証人と打合せする

		d）依頼者に公証人が作成した文案を説明して内容について了承を得る e）公証役場（または依頼者の入院先や自宅）で公正証書遺言を作成する f）保管方法について助言する

⑵　遺言作成業務の客像を知る

　遺言作成業務の客像は，多い順から次の４つに区分できる。なお，外見上健康に見えても重篤な病気を抱えている者もいる。また，高齢者は病状が急変することもよくある。このように遺言作成業務は特に「業務の速やかな遂行」が求められる。

【図表50】◆遺言作成業務の４つの客像（依頼者）

No.	客　像	特　　　徴	依頼する動機・注意点
①	意思実現型	子のない夫婦，離婚・再婚経験者など，兄弟姉妹や甥・姪，前婚の子等が相続人になるなどの理由で，遺言書を残さないと自分の意思とかけ離れた相続になってしまう者が多い。	・動機 死後に財産を自分の思うとおりに残したい。 ・注意点 作成途中で認知症が進行して遺言能力（民法963）が認められなくなったり，病気が進行して作成ができなくなる者がいる。速やかな業務の遂行を心掛けること。
②	怨念型	相続人の中に「財産を残したくない者」がいる者。 不仲な配偶者や親不孝の子がいる者が多い。	
③	子ども主導型	子から「遺言を残して欲しい」と頼まれた者。 子と自己所有の建物に同居している者，前婚で子を儲けて再婚した者等が多い。	
④	緊急型	病気で死期が迫っている者	

⑶　遺言作成業務の "落とし穴" を知る

　業務の性格上，スピードが重視される。また面談で本人の意思を確認することが重要である。業務遅滞や本人の意思確認が不十分だと次のような "落とし穴"（失敗）が待ち受けている。

①　業務遅滞による"落とし穴"

イ）作 成 中 止

遺言は「必ず残さなければならないもの」ではない。そのため，業務遂行中に気が変わって取りやめる者がいる。

ロ）遺言者の判断能力の低下

業務遂行中に認知症等の病状が進行した結果，判断能力が低下して「通常人としての正常な判断力・理解力・表現力」を失ってしまった場合，遺言能力（民963）を有していると認められず作成不能になる。

ハ）遺言者の死亡

病状が急変するなどして業務遂行中に死亡してしまう者もいる。

②　意思の不在による"落とし穴"

面談で遺言の内容を聞いたときに「お聞きした内容はあなたの意思（本心）ですか」と「意思確認」をすること。子どもから執拗に頼まれて自分の意思に反した内容を残さざるを得ない状況に追い込まれている者も実際いる。

特に相続人の一人に「ほとんど」もしくは「全部」の財産を残す内容の場合は，遺留分制度の意義を説明した上で，この内容に決するに至った経緯を確認すること。意思確認を疎かにすると，依頼者から業務の途中で作成中止の申出を受けることがある（P147「Column 26」参照）。

③「逆縁」による"落し穴"

遺贈は，遺言者の死亡以前に受贈者が死亡したときは，その効果を生じない（民994①）。また，「相続させる遺言」の場合も同様である（最判平23［2011］・2・22民集65巻2号699頁）。

したがって，相談者の意思をより確実に実現させるために「遺言書に『財産を残す』と記した推定相続人（または「受遺言」）が，あなた（依頼者）より先に死亡してしまった場合，その人が受け取るはずだった財産をどなたに継承させたいですか」と質問して希望を聞き，その内容を遺言に記しておくべきである。

Column 26

作成当日の中止

　公証人から「実は，この内容は私の本意ではありません」と公正証書遺言の作成当日に告白する遺言者が毎年少なからずいるということを聞いたことがある。

　そのほとんどが，子どもから「遺言書を残してくれ」と頼まれた者だそうだ。

　遺言は人の最終の意思表示について，その者の死後に効力を生じさせる制度である（民985①）。したがって，遺言者への意思確認は遺言作成業務の“イロハのイ”であることを肝に銘じて業務に臨むことが大切である。

(4)　遺言作成業務の習得方法を知る

　遺言書を自分で作成すると遺言作成業務の実務脳の活性化が促進する。

　自らの遺言を実務の流れ（次の①から④）に則って作成してみる。すると，遺言書の作成を体験することで，「実務の流れ」と「依頼者の心情」を理解できるので，効果的な引合いと面談を実行できるようになる。

①　戸籍を収集する

「出生から現在まで」の戸籍謄本を市区町村役場に請求する。

　戸籍の知識を習得できることはもちろんだが，戸籍収集の手間を実感できる。

②　「相続関係説明図」を作成する

　収集した戸籍謄本を基に「相続関係説明図」（相続関係が一目でわかる図）を作成する。依頼者に提出することをイメージして，わかりやすく見せるように工夫する。

③　「財産目録」を作成する

　不動産を所有している者は官公署に「登記事項証明書」「固定資産税評価証

明書」を請求する。預貯金がある者は，預金している銀行に「残高証明書」を請求する。以上の資料を基に「財産目録」を作成する。

　なお，「相続関係説明図」と同様，依頼者に提出することをイメージして，わかりやすく見せるように工夫する。

④　自分の相続を想定する

　"相談者目線"で考えることで遺言を作成するときの気持ちを実感してみる。

⑤　遺言書を作成する

イ）自筆証書遺言を作成する

　まずは，自筆証書遺言を作成してみる。法的要件を確認することはもちろんのこと，保管方法についても熟考すること。遺言書保管法に基づいて法務局（遺言書保管所）に保管を申請することも検討してみること。

ロ）公正証書遺言を作成する

　公正証書遺言の作成手順，公証人とのやり取り等を体験できる。開業後に相談者に「実は，私は公正証書遺言を作成したのですよ」といった話材にもなる。

　費用がかかるが自分の相続対策にもなるので，実行する価値は十分ある。

Ⅳ-2-3　相続手続業務の実務脳を活性化させる

　相続手続業務は，遺言作成業務と同様，行政書士法1条の2第1項の「その他権利義務又は事実証明に関する書類作成」に該当する代表的な業務である。

　相続手続業務は「スピードが命」である。業務遅滞が相続財産の承継の遅滞（つまり，相続人に遺産が入らない）だけでなく，相続人間の紛争につながることもあるからだ（そうなると業際問題が生じて辞任せざるを得ない）。

　相続手続業務も遺言作成業務と同様に自らを事例として実践的トレーニングを積むことができる。

⑴ 相続手続業務の内容を知る

相続手続業務の内容は「相談」「事実関係調査」「書類作成」「手続代理」の4つに区分できる。

【図表51】◆相続手続業務の4つの区分

No.	区 分	内　　　容
①	相談業務	相続手続に関する法的全般の問題について相談を受ける。また，被相続人が遺言書を残している場合は遺言執行，残していない場合は遺産分割協議のそれぞれの具体的な進行方法について相談を受ける（行書1の3①四）。
②	事実関係調査業務	受任後に面談で聴取した次の内容を，官公署に公的書類を請求して，または金融機関に照会して調査する。 イ）相続人（受遺者） ロ）相続財産 　この時点で，面談の内容と相違する事実が判明したら，依頼者に指摘した上で，今後の業務進行について業務継続・中断・中止のいずれかを選択するか協議して決める。
③	書類作成業務	相続手続業務で作成する主な書類は次のとおり（行書1の2①）。 イ）相続関係説明図または法定相続情報証明制度に係る書類 ロ）財産目録 ハ）遺産分割協議書（遺言書がない場合） ニ）相続届（金融機関の所定の様式）
④	手続代理業務	金融機関への相続手続を，遺言執行者（遺言書がある場合）または相続人全員（遺言書がない場合）から委任を受けて代理人として行う。具体的には次の業務がある。 イ）遺産分割協議書への署名・押印の手配 ロ）金融機関の「相続届」への署名・押印の手配 ハ）金融機関に「相続届」を提出して払戻手続等を実行する

⑵ 相続手続業務の客像を知る

相続手続業務の客像は多い順から次の4つに区分できる。なお，すべての依頼者は「一刻も早く手続を完了してスッキリした気分になりたい」と願って依頼する。

【図表52】◆相続手続業務の4つの客像（依頼者）

No.	客　像	特　徴	依頼する動機・注意点
①	時間優先型	勤務の都合等で平日の日中に官公署や銀行に行く時間がない。 費用を払っても速やかな手続を優先する。	・動機 相続手続を速やかに完了させて財産を継承したい。 ・注意点 業務が遅滞してしまうと，相続人にその間遺産が入らないため，相続人からクレームが付くおそれがある。 また，相続人間の紛争につながり，業際問題が生じて業務継続ができなくなることもある。
②	財産多種・多様型	複雑な財産を引き継いだため，手続が煩雑になってしまっている。	
③	相続関係複雑型	相続関係が複雑なために，相続財産を被相続人の兄弟姉妹・孫，被相続人が前婚のときに儲けた子等と分け合わなければならなくなってしまった。 そのため，経験と専門知識がないと円滑に手続を完遂できない。	
④	外出困難型	身体の具合が悪く，官公署や金融機関に出向くことが困難である。	

(3)　相続手続業務の"落とし穴"を知る

　相続手続業務では，次のような"落とし穴"（失敗）が待ち受けている。

①　「縁起悪い」「あつかましい」と言われる

　年賀状や暑中見舞いに相続手続業務について詳しく書くと，中には「縁起が悪い」「あつかましい」と不快になる者がいる。時候の挨拶の趣旨は「相手への気遣い」である。このことを忘れずに業務案内は数行（箇条書き程度）に止めること。なお，このことは遺言作成業務も同様である。

②　相続人の間で揉め出す

　受任のときは相続人の間で揉め事はなかったが，受任後に遺産をめぐって紛争状態になることがある。相続手続が速やかに完了すればこのようなことはまず起きない。行政書士が段取り悪く業務を行ってしまうと時間の経過とともに相続人の間で疑心暗鬼が生じて紛争が勃発することがある。十分注意すること。

　なお，業際違反の防止策については，【ここが実務のポイント⓮】（P117）を

参照のこと。

③　想定外の事実が判明する

　相続人調査をした結果，面談で全く話しに出なかった依頼者も知らなかった人物（見知らぬ相続人）が相続人として判明することがある（たとえば，被相続人が前婚で子を儲けたり養子縁組をしていた等）。

　この場合，依頼者は相当な心理的ダメージを負うので慎重に事実を伝えること。また，遺産分割協議の運営は「見知らぬ相続人」の出現により難易度がかなり高くなる。ロードマップを再構築した上で費用を算出し直して，見積を改めて依頼者に提出すること。

④　「仕事が遅い」とクレームを付けられる

　行政書士が段取り悪く業務を行うと，当然相続手続の完了も遅くなる。これは被相続人から相続人への財産の移転が遅くなることを意味する。

　「できるだけ早く遺産を取得するために依頼した」という依頼者の期待を裏切れば，当然クレームを付けられることになる。

(4)　相続手続業務の習得方法を知る

　次のことを実施して相続手続業務の予行練習をしてみる。

①　遺産分割協議書を作成してみる

　「相続関係説明図」と「財産目録」を基に，自分が死亡したことを想定して「遺産分割協議書」を作成してみる。

②　銀行で「相続届」を入手する

　銀行で相続手続に関する書類を入手する。そして，①で作成した遺産分割協議書に基づいて「相続届」に記載してみる。なお，相続届の入手が困難な場合は，銀行のホームページで相続手続の内容を調べてみる。

第3章 実務脳を試運転する

開業前および開業後の実務脳の試運転の方法（訓練方法）を紹介する。
なお，この方法は開業前の「見込み客の開拓」に直結する。

IV-3-1 「いつ・どこセミナー」を開催する

実務脳の精度を高めるには「経験」を積むこと，つまり"場数を踏む"のが有効である。

では，開業前に"場数を踏む"にはどうしたらよいか。そこで筆者が勧めるのが友人・知人等を対象とした「いつ・どこセミナー」である（P 85【ここが実務のポイント❼】参照）。開業までに50人を目標に実施したい。

「いつ・どこセミナー」の"受講生"からの質問は，「開業後に相談者から受ける質問」と思って回答する。なお，その場で回答できなければ，基本書や実務書で調べた上で回答すること。

IV-3-2 「受講生」を「見込み客」にする

「いつ・どこセミナー」の受講生をそのまま放置したら，その者は実務脳の習得の練習台で終わってしまう。それでは，いかにも勿体ない。

セミナーが終わったら「役立つ法律の情報をSNSで提供したいのだけど，いいですか」と一言付け加えてみる。
するとほとんどの者が「いいですよ」と答えるはずだ（相手にも「法律知識を

得られる」「法律に詳しい者と知り合いになれる」というメリットがあるから）。承諾を得た者に勉強の成果をわかりやすく文章にまとめて定期的に発信する。

このことは，法知識，文章力等の実務脳の精度を高めるだけでなく，見込み客の獲得にもつながる。しかも，このコンテンツが開業後のホームページやブログなどのコンテンツにもなる。

❚ Ⅳ-3-3　「ありがとうセミナー」を開催する

開業したら，開業のあいさつ状を知人等に送付する。その際，遺言・相続をテーマにしたセミナーの案内状を同封する。私はこのセミナーのことを「ありがとうセミナー」と名付けている。セミナーの後に会食の場を設けるなどして，パーティー形式にしてご招待するのもよいだろう。

私が主催している「行政書士合格者のためのマンツーマン実務家養成講座」の受講者の中には，この「ありがとうセミナー」を実践して，早速受任につなげた者もいる。ぜひお試しいただきたい。

第 **V** 部

開業前に押さえたい「集客」「業務スキル」「トラブル防止の心得」「トラブル対策」のこと

開業後のことを開業前に知り
開業準備を実務に即したものに仕上げる

第Ⅴ部では「開業後」をテーマに，「集客」「業務スキル」「トラブル防止の心得」そして「トラブル対策」について言及する。

　第1章では，集客の「鉄則」と「禁じ手」を，第2章ではトラブルの主な原因である業務遅滞を防止する「スキル」，第3章では依頼者とのトラブルを防止する「心得」，そして第4章ではトラブルになってしまった場合の「トラブル対策」について述べる。

　第Ⅴ部で「開業後」についての内容を「開業前」に知ることによって，開業準備をより実務に則したものに仕上げることができる。その結果，失敗を回避できる。

　ぜひ，第Ⅰ部から第Ⅳ部までの内容を思い起こしながら読み進めて欲しい。

【図表53】◆第Ⅴ部の流れ

```
                    ┌──────────────────┐
                    │      第1章        │
                    │ 集客の「4つの鉄則」  │
                    │  と「1つの禁じ手」  │
                    └──────────────────┘

                    ┌──────────────────┐
                    │      第2章        │          ┌──────────┐      ┌────────┐
┌──────────────┐    │ 業務遅滞を防止する   │          │ 実務に則し │      │        │
│ 開業前に押さえ  │    │  「7つのスキル」   │   ───▶   │ た開業準備 │ ───▶ │ 失敗回避 │
│ ておきたい，開  │ ── │                  │          │ の実現    │      │        │
│ 業後のこと     │    ├──────────────────┤          └──────────┘      └────────┘
└──────────────┘    │      第3章        │
                    │  トラブル防止の     │
                    │  「8つの心得」     │
                    └──────────────────┘

                    ┌──────────────────┐
                    │      第4章        │
                    │  トラブル対策の     │
                    │  「4つの鉄則」     │
                    └──────────────────┘
```

第1章 集客の「4つの鉄則」と「1つの禁じ手」

集客の「鉄則」と「禁じ手」について述べる。この鉄則と禁じ手を念頭において，開業後の広告・宣伝活動の準備を進めてほしい。

V-1-1 鉄則その1～「だれに」「何を」「どうやって」売るか考え抜く

まず，自分が決めた専門分野を売る「相手」についてとことん考え抜いて客像を明確にする。次に，本当に売るものは何かを考え抜く。そして，どうしたら相手がそれを買いやすくなるのか考え抜く。

(1) 「だれに」売るのか

自分が決めた専門分野を誰に売るのかとことん考え抜くこと。

たとえば，遺言作成を専門にした場合，「売り先は高齢者」では漠然とし過ぎる。

- ・性別
- ・年齢
- ・職業
- ・婚姻歴（独身・既婚・離婚歴の有無）
- ・財産
- ・家族構成（子どもの有無等）
- ・一人暮らし・家族と同居
- ・1日の生活パターン（平日・休日）
- ・遺言を残す動機　　等

　以上のようにさまざまな状況を想定してみる。すると，たとえば次のような客像が浮かんでくる。

　40代の独身女性（5年前に離婚，子どもはいない，父親は他界，妹が一人）で，仕事を持ち郊外のマンションを所有して一人暮らしをしている。

　平日は朝7時に家を出て夜8時に帰宅。自宅最寄駅前のスポーツジムで週に1回ヨガを楽しんでいる。週末は最近はまっている山歩き（山ガール）をカルチャースクールで知り合った友達としている。財産はマンションと現預金約1,000万円，負債はない。

　時折，自分が死んだら自分の財産はどうなるのだろうと，ふと不安になる。

　もしそうなったら，今年中学生になった妹の一人娘である姪に財産を残してあげてもいいなと思っている。

　このように「独身で収入が安定していて生活に余裕がある女性」が客像に浮かび上がった。

(2)　本当に売るのは「何」か

　(1)でイメージした者に，自分が本当に売るのは何かを考える。「遺言書」という書類だけだろうか。いや，そうではないはずだ。その者は死後も含めた「安心」と「自己実現」を求めているのだ。その一つの手段として「遺言書」があるに過ぎない。つまり本当に売るのは「死後も含めた安心と自己実現の証」であるのだ。

(3)　「どうやって」売るのか　(P252【実務直結資料10】参照)

　「誰に」「何を」売るのかがわかったら，「どうやって売る」のかを考える。たとえばセミナーで集客をするとする。

　想定する客にとって「いつ」「どこで」「何時から」開催するのがいいのか，費用はいくらがいいのか，目に触れやすい告知の方法は何かを考えてみる。

　(1)で想定した者であれば，仕事帰りに寄れる平日の夜８時から，独身女性が購入しやすいマンションが多くある駅の近くの貸教室で受講料1,000円で行う。告知は開催地のタウン誌に掲載するという企画が考えられる。

　以上のように，「誰に」「何を」「どうやって」売るのかを徹底的にシミュレーションしてみる。そうすることで，客像と「本当に売るもの」が明確になり，「的を射た集客」ができるようになる。

　なお，資料として筆者が実際に業界大手の生命保険会社主催の遺言・相続セミナーで使用したレジュメを掲載した（P 252【実務直結資料10】参照）。参考にして欲しい。

(4)　実践する

　以上 (1)〜(3)で考えたことを実践する。そして，その結果を検証して集客率を上げていく。

V-1-2　鉄則その２〜いざという時に真っ先に頭に浮かぶ存在になる

　自分の存在価値を相手の脳にインプットして，いざというときに真っ先に頭に浮かぶ存在になるようにする。

　そのためには，「反復継続したアプローチ」と「アピールのチャンスを逃さない」ことがカギになる。

(1)　反復継続したアプローチ

　反復継続してアプローチすることで，相手の脳に「自分の存在価値」を焼き付ける（P 134「Ⅳ-1-7」参照）。

　すると，相手があなたを「どういうときに役に立つ者」であるかを認識する

ようになる。

　反復継続のアプローチ手段は，自分の相手となる者に情報が届きやすいツールを選択する。

⑵　アピールのチャンスを逃さない

　会った者に「自分の存在価値」をアピールする。具体的には自分の専門分野について話してみる。なにも改まる必要はない。"いつ・どこセミナー"（P 85参照）を開催したり，それができなければ会話の中で"さりげなく"触れるだけでもよい。話した相手に直接関係ない内容であっても，その者と交遊関係がある者が，そのサービスを欲していて，ある日その相手から相談者の紹介を得ることもよくある。無言では何も始まらないのだ。

▌V-1-3　鉄則その3〜他士業から認められる存在になる

　顧問先を抱えている他士業は，使えるパートナーを探している。なぜなら顧問先へのサービスにつながるからである。

　顧問先から相談を受けて「他士業の分野（専門外）だからわかりません」では，顧問先から「使えない先生」とみなされてしまう（何度も続くと顧問契約を解除されかねない）。

　そこで専門外の相談を受けたときに対応してくれるパートナーが必要になる。行政書士が他士業から相談されることが多い案件は，やはり行政手続業務である。たとえば，問い合わせは次のように来る。

　「顧問先が『建設業の許可を取得したい』と言っている。まずは（顧問先の）話を聴いてやって欲しい」

　「スナックを経営している顧問先が警察から許可を取得するように指導を受けてしまった。至急相談にのって欲しい」

　「顧問先が外国人留学生に内定を出した。入管へ何か申請しなければならないのか？」

　なお，紹介した行政書士が顧問先に業務遅滞などで迷惑をかけたら“紹介した責任”を問われかねない。したがって，士業から仕事を紹介されるには，「あの行政書士ならこの分野は任せられる」と認められるくらいの「高度な専門性」を有していることが前提条件となる。

【図表54】◆集客のイメージ（流れ）

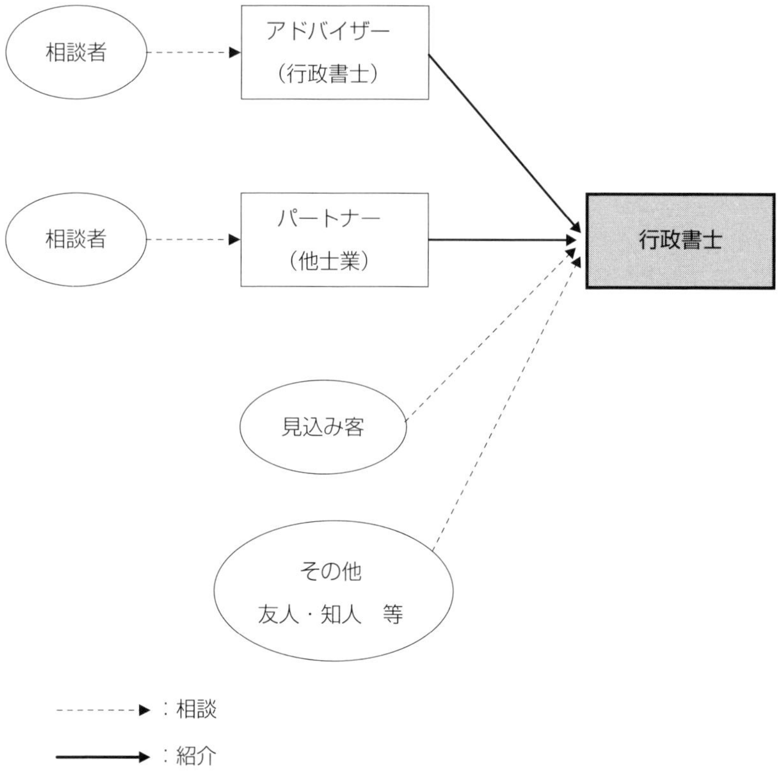

- - - - - ▶ ：相談
━━━━▶ ：紹介

▌V-1-4　鉄則その4〜フォローする

　依頼者が行政書士の仕事に満足すれば，自分と同様の問題を抱えた者をその行政書士に紹介するということがよくある。つまり，「依頼者の後ろに依頼者はいる」のである。

　依頼者から紹介を得るには，業務終了後も依頼者とコンタクトを取ってフォローすることが重要である（P 134「Ⅳ-1-7」参照）。

Column 27
遺言・相続手続業務も継続業務になる

　多くの行政書士は，遺言・相続手続業務を継続業務ではなく単発業務とみなしている。

　しかし依頼者のアフターフォローをきちんとすれば，依頼者や遺言執行者から「遺言の撤回」「新たな遺言の作成」または「遺言執行事務」の依頼を受けることができる。

　なお，遺言・相続手続業務を継続業務にするには，最初の依頼で「満足な成果」を依頼者に提供することが前提条件となる。

▌V-1-5　禁じ手〜「できないこと」を「できる」と宣伝する

　ホームページやチラシに書かれた「業務内容」を見た者は，「すぐに対応してくれる」「問題を速やかに解決してくれる」と当然思う。

　したがって，広告を見た者からの問い合わせに的外れな回答をしたら，その者は「余計な時間を費やした」と失望する（当然，依頼しない）。運よく受任できても，業務遅滞によるトラブルを発生するおそれがある。

　開業直後から集客したいなら，開業準備の段階で専門分野の実務脳を習得する必要がある。

　なお，できないことを広告すると「不当誘致」（行書規6②，行書倫7）に該当するおそれがある。十分注意すること。

行政書士法施行規則

　（業務の公正保持等）

第6条　行政書士は，その業務を行うに当つては，公正でなければならず，親切丁寧を旨としなければならない。

2　行政書士は，不正又は不当な手段で，依頼を誘致するような行為をしてはならない。

行政書士倫理

　（不当誘致等の禁止）

第7条　行政書士は，不正又は不当な手段で，依頼を誘致するような行為をしてはならない。

Column 28
「力んだ語句」は読み手を遠ざける

　「依頼が欲しい！」という気持ちが強いと，文章に力みが表れる。たとえば，次のような語句を多用する。

　　・なんでも（ご相談ください）

　　・最大級（のサービスをご提供します）

　　・全力（でご対応します）

　　・誠心誠意（務めさせて頂きます）

　このような「力んだ語句」は圧力が強すぎて読み手は引く。淡々と業務内容や実績を述べた文章が，実は説得力があり，じっくりと読まれるものだ。

業務遅滞を防止する「7つのスキル」

繰り返しになるが，行政書士に依頼する第一の理由は「問題を速やかに解決したい」からである。このことは業務が遅滞すれば依頼者の期待を裏切ることを意味する。また，そうなってしまうと依頼者との間にトラブルが生じることもある。

現に，第Ⅰ部で見たとおり，実務で生じるほとんどのトラブルの原因は「業務遅滞」である。

そこで，業務遅滞を防止する「7つのスキル」を紹介する。この「7つのスキル」を身に付ければ，開業直後から業務を速やかに遂行できてトラブルを未然に防ぐことができる。

▎V-2-1　受任「当日」に動く

受任した当日に次の(1)～(3)を実践する。すると，「速やかな業務遂行」に直結する。

(1)　必要書類を請求する

業務遂行に必要な書類（戸籍謄本や登記事項証明書等）を官公署に郵送またはオンラインで請求する。

(2)　アドバイザー，パートナーに協力を打診する

業務を遂行する上で，アドバイザーやパートナーの協力が必要な場合は，面談でヒアリングした事実関係の要旨を伝えて協力を打診または要請する（P83【図表28】参照）。

(3)　「ロードマップ」を作成する

　面談で依頼者に提示した「ロードマップ」（P 233【実務直結資料6】参照）を見返す。すると次のような効果が現れる。

①　聞き漏らしを早期に見つけられる

　面談での"聞き漏らし"を早期に見つけることができる（見つけたら依頼者にすぐに確認すること）。

②　アイディアが浮かぶ

　面談で気付かなかった，業務を速やかに遂行するためのアイディアが「ふっ」と浮かぶ。

Ⅴ-2-2　「アクションリスト」を作成する
（P283【実務直結資料11】参照）

　業務の進捗が一目でわかるリスト（以下「アクションリスト」という）を案件ごとに作成する。アクションリストには「日時」と「アクション」（行ったこと）を箇条書きする。このリストを見れば，「いつ」「何をした」のか一目でわかるので，複数の案件を抱えていても，頭の中を瞬時に整理できる。

Ⅴ-2-3　郵便物を即時に開封する

　郵便物を数日放置すると大きなミスにつながることがある。たとえば，出入国在留管理局に申請書を提出すると数日後に「質問状」が届くことがある。この質問状には，たいてい「指定期日」（通常発行日から2週間以内）までに追加書類の提出や回答を求める旨が記されている。

　このような書類を放置すると，依頼者の不利益（不許可等）に直結する。十分注意すること。

Ⅴ-2-4　一人で抱え込まない

　調べてもわからなければアドバイザーや申請窓口の官公署に質問・問い合わせをすること。悩んでいるだけでは業務は１ミリたりとも進まない。一人で抱え込んでいたずらに時を過ごした結果，依頼者に多大な損害を与え，懲戒処分を受ける事案が後を絶たない。調べても不明な場合は，「依頼者ファースト」の精神でアドバイザーや申請窓口へ助言を求めること。

ここが実務の　ポイント㉖　　官公署に問い合わせするときのマナー

　まず，事実関係と質問事項をＡ４用紙１枚に箇条書きする。この用紙を見ながら質問すれば，的を射た質問ができるので官公署の担当者も回答しやすくなる。

　行政書士の中には，事実関係を整理できていない段階で官公署の窓口に問い合わせする者がいる。このような質問者が混乱している状態で問い合せをしても，話があちこちに飛んでしまうので質問された側は回答のしようがない。

　まずは自分の頭を整理する。そして事実関係と質問事項を手短にまとめてから質問するのが官公署に対するマナーであり，行政書士の務めでもある。

　なお，以上のことはアドバイザーやパートナーに問い合わせするときも同様である。

　ただし，頭の整理に時間をかけ過ぎてはならないことは言うまでもない。

■ Ⅴ-2-5　ひと手間かける

　依頼者の手間を省くために「ひと手間かける」ことが速やかな業務遂行に直結する。たとえば，次のようなことが挙げられる。

(1)　返信用封筒を同封する

　委任状等の書類に署名・押印をもらうために依頼者に書類を郵送することがある。その際に，返信先を記載し切手を貼り付けた「返信用封筒」を同封すること。それがないと，依頼者は次の4つの行動をしなければならなくなる。

---

① 　封筒を用意する

② 　封筒に返信先である行政書士の住所・事務所名を書く

③ 　切手を用意する

④ 　封筒に切手を貼る

　このような負担が原因で書類がなかなか戻ってこないことがよくある。なお，急を要する場合はレターパックを使用すること。

(2)　記載見本を提示する

　依頼者が記載した書類の不備が原因で，二度手間・三度手間かかってしまうことがある。

　行政書士の目の前で記載してもらう場合はこのようなことはまずないが，郵送した書類に署名・押印等をしてもらうときによく起きる。

　依頼者に記載してもらう書類には，署名・押印の箇所を赤文字で明示した「記載見本」を添付すること。そうすれば，依頼者は記載見本のとおり署名・押印すればよいので不備がない書類が速やかに返信されてくる。

V-2-6　書類を校正する

　依頼者や申請窓口に書類を提出する前に必ず校正すること。「校正なしで通用する書類はない」と考えてよい。校正のポイントは「Ⅲ-3.文章力を補完する」(P72)を参照のこと。なお，ここでは以下の3点を補足する。

(1)　「必ず間違いがある」という視点に立つ

「必ず誤字・脱字，記載ミスがある」と自分に言い聞かせながら校正する。

(2)　提出前に一晩寝かす

　時間が許せば，校正した文書を一晩寝かしてから翌日に再度目を通す。すると意外なところに"穴"が見つかることがよくある。

(3)　アドバイザーにチェックを依頼する

　書類に不安があればアドバイザーにチェックしてもらってから官公署や依頼者に提出する。業務のアドバイスも得られて経験知の蓄積にもつながる。

▎V-2-7　依頼者といっしょに役所に行く

　行政書士は，行政書士が作成できる官公署に提出する書類を依頼者に代わっ
て官公署に提出することができる（行書１の３①一）。しかし，次のケースは依
頼者に官公署への同行を求めること。

(1)　期限が目前に迫っている場合

　受任した日時が許可の更新日の直前であったなどの理由で，申請書類が期限
の直前に仕上がった場合，申請時に官公署から「申請人に確認しないと判断し
かねる」ような訂正の指摘や質問があったときに「持ち帰る」時間的余裕がな
い。

　依頼者が同席していれば，その場で回答または訂正できる（法的には行政書士
が単独でも加除訂正できるが，依頼者に確認しなければその場で訂正するのが困難なこ
とが実際多い）。

(2)　依頼者が主張を曲げない場合

　依頼者が誤った情報を基に，いくら正しても主張を曲げないことがある（た
とえば，許可基準を下回っているのに「この程度なら許可を取得できるはずだ」「同様
のケースで許可を得た者を知っている」と言い張る）。

　このような場合は官公署に同行してもらって担当官から直接説明してもらう。
担当官から説明を受ければ，たいてい納得する。なお，それでも言い張るよう
なら「信頼関係が損なわれた」として辞任を検討する（委任契約書に「信頼関係
が損なわれた場合は辞任する」旨を記載しておけば辞任しやすい）。

第3章 依頼者とのトラブルを防止する「8つの心得」

依頼者との間でトラブルを抱えると，業務が停滞するだけでなく精神的ダメージも負う。また，依頼者が都道府県知事や所属行政書士会に当該事実を通知し，適当な措置をとることを求めることもある（行書14の3①）。

このような事態は避けなければならない。そこでこの章では，依頼者とのトラブルを防止する8つの心得を開示する。

V-3-1　3つの「ない」で対応する

依頼者に「信じない」「動かさない」そして「放置しない」の「3つのない」で対応する。

(1) 信じない

依頼者から面談で聴取した内容が事実と異なることはよくある。この場合，依頼者の話を鵜呑みにすると初動を誤る。その結果，業務遅滞を発生させて依頼者に不利益を与えてしまうことがある。

事実関係を正確に把握するために予断を排すこと。そして，依頼者の話は「参考」として捉える。官公署が発行する戸籍謄本や登記事項証明書等の文書で"裏を取る"まで依頼者の話を信じてはいけないのだ。

(2) 動かさない

依頼者を「業務に必要な書類」を取得させるために官公署に行かせるなどして動かしてはいけない。依頼者を動かすと，依頼者から指定した書類がなかなか提出されなかったり誤った書類を取得してしまったりして大概業務が遅滞してしまう。

　行政書士が「職務上請求書」や「委任状」を駆使すれば，「印鑑登録証明書」以外はたいてい取得できる。そうすれば，業務を速やかに遂行できる。しかも，「書類の申請・取得代理」としてその分の報酬を得ることもできる。

(3)　放置しない

　依頼者は「先が見えない」という不安を抱いている。だから，行政書士からしばらく連絡がないと「自分の依頼が後回しにされているのではないか」「何か不都合なことが起きたのではないか」など不安感を増幅させてしまう。

　依頼者の不安を和らげるためにも，タイミングを見計らってメールや電話で中間報告をするなどして依頼者を放置しないこと。

Ⅴ-3-2　知ったか振りしない

　相談者や依頼者からの質問に対して，確信を持って答えられなければ，曖昧な知識で即答しないで「調べてお答えします」と答えること。

　知ったか振りして答えた内容が誤っていて，それが原因で相談者や依頼者が不利益を被ったら，行政書士は責を免れない。

　ただし，基本レベルの質問に「調べてお答えします」と言っているようでは「頼りないセンセイ」とみなされてまず受任できない。

Ⅴ-3-3　面談で「不利な情報」を告知する

　面談で依頼者に不利な情報（許可基準を満たしていない要件がある，相談者が認識していない相続人がいる等）をキャッチしたら，その場で告知すること。

　不利な情報の告知が遅れると，事業計画の抜本的見直しや相続人間の紛争勃発など重大な問題に直結する場合がある。反対に有利な情報が遅れてもトラブルになることはまずない。

　もし，「不利である」と確信まで至らなくても懸念を抱くようなことがあれ

ば「不利になるおそれがある」と伝えておくこと。

V-3-4　スケジュールに余裕を見込む

依頼者は「できるだけ早く良い結果を得たい」と願っている。しかし，その願いを受け入れて過密なスケジュールを組んだ結果，予定どおり進まなかったら依頼者は不利益を被ってしまう。たとえば次のようなケースがある。

> ・開店予定日までに風俗営業の営業許可が下りなかったために，オープニングセレモニーを延期しなければならなくなった。
> ・在留資格認定証明書の交付が予定より遅れて，外国人社員が就労開始予定日までに日本に入国できなくなってしまって事業計画を見直せざるを得なくなった。
> ・相続手続が特定の相続人からの書類の返信の遅れが原因で予定日までに銀行から遺産の払戻しができず，相続税の支払いに遺産を充当できなかった。

このような事態に陥らないために，依頼者に懸念事項を十分伝えた上で，余裕あるスケジュールを提示すること。スケジュールより進行が遅れたらクレームを付けられるが，スケジュールより早まれば感謝されるのだ。

V-3-5　最終決断は相談者に委ねる

・行政書士に依頼する・しない

・官公署に許可を申請する・しない

・遺言書を残す・残さない

といったような最終決断は依頼者に委ねること。

　行政書士は相談者に「判断材料」を提供するが，相談者の意思を軽んじて強引に決断させるようなことをしてはならない。無理強いして受任した結果，トラブルになったら，業務上の問題に止まらず倫理的な問題にも発展するおそれがあるからだ。

■ V-3-6　条件を明確にしてから着手する

　依頼者とトラブルになりやすい事項は「金銭」「業務開始」「業務範囲」「業務中止」そして「辞任」の5つである。トラブルを防止するために以上の事項を着手する前に契約書で明確にしておくこと（P119「Ⅳ-1-2(3)⑦」参照）。

■ V-3-7　「預り証」を発行する
　　　（P285【実務直結資料12】参照）
　　　（P286【実務直結資料13】参照）

　依頼者が勘違いして，行政書士に預けていない書類を「預けた」と言えば，行政書士は「預かっていない」ことを立証しなければならなくなる。

　重要な書類（「遺言書」「通帳」「登記済権利証」「パスポート」「在留カード」等）を預かったら必ず「預り証」を発行して依頼者に手渡すこと。また，預かった書類を返却したら「受領証」に署名をもらうこと。

■ V-3-8　"非常口"を用意しておく

　受任したときには予想できなかった行政書士法または倫理規定に抵触する（または抵触するおそれがある）問題が業務遂行の過程で発生して，業務継続が困難になり辞任せざるを得ないもしくは辞任しなければならない状況に陥ることがある（行書倫9）。

　このような場合に備えて，契約書に辞任に関する条項を記しておくこと。こ

の条項が"非常口"となり，業際違反等の行政書士法違反を回避できる。なお，正当な事由がある場合において依頼を拒むときは，その事由を説明しなければならず，依頼者から請求があるときは，その事由を記載した書面を交付しなければならない（行書規8）。

第4章　トラブル対策の「4つの鉄則」

　この章では依頼者とトラブルになってしまった場合の対応を開示する。トラブルの対応の鉄則は「早期対応」「事実確認」「善後策の実行」そして「フォロー」の4つである。

　トラブル対策を誤ると"火に油を注ぐ"ことになりかねない。十分注意すること。反対に適切な対応をすることで信頼を得ることができる。いくら十分な準備をしてもトラブルが発生してしまうことがある。その場合は，本章のトラブル対策を思い出して，「ピンチをチャンス」に変えてほしい。

V-4-1　早期に対応する

　クレームは時間とともに拡大してトラブルに発展する。もし，依頼者からメールでクレームが入ったら，直ちに依頼者に連絡する。ただし，メールは相手がすぐに見るとは限らない。電話をかけること。

　明らかに自分に非がある場合は，まず謝罪の言葉を述べる。そして直ちに事実関係を確認する。

　依頼者が勘違い等をしてクレームを付けている場合もある。そのときはひとまず言い分を聞く。
　一通り依頼者の話を聞いてから「おっしゃったことはこういうことですか」と前置きして内容を整理して伝える。次に，やんわりと依頼者が勘違い等していることを正す。すると依頼者が自らの勘違いや誤解に気付いてその場で収まることもある。

▌Ⅴ-4-2 事実を確認する

　明らかに自分に非がある，またはそのおそれがある場合は，面談から今までに至るまでに経緯を見直して事実関係を確認する。

　この場合，「アクションリスト」（P168・283参照）があると，スピーディーに確認できる。

　ここでのポイントは「客観的に事実を把握する」ことだ。自分に不利な事実が見付かっても，目を背けずに受け入れること。

▌Ⅴ-4-3 善後策を実行する

　事実関係を確認した結果，自分に非があることがわかったら，直ちに謝罪して善後策を立てて実行する。

⑴　すぐに解決策が見付かった場合

　「〇〇までに改善させる」と期限を約束して直ちに実行する。なお，期限は数日の余裕を見込んで伝えること。

⑵　自分では解決策が見付からない場合

　もはや自分で解決することは無理である。依頼者には「早急に善後策を立ててご報告します」と伝え，アドバイザーに直ちに救援を要請すること。

　一人で問題を抱え込まないことだ。そうしてしまうと時間が経過するにしたがって問題は大きくなってしまう。

⑶　善後策を実行する

　善後策を立てたら慎重に見直すこと（ただし，時間をかけてはいけない）。「これで大丈夫」と確信を得たら次のことを実行する。

① アポを入れる

善後策を説明するために依頼者にアポを入れる。

② 説 明 す る

善後策を簡潔・明瞭に説明する。

③ 実 行 す る

依頼者の承諾を得た上で善後策を直ちに実行する。

④ 検 証 す る

トラブルが終結したら，トラブルの一連を検証して再発防止策を講ずる。

V-4-4　フォローする

トラブルが収拾できたら，依頼者に事の顛末を報告する。

　トラブルの対処によっては，依頼者の信頼を勝ち得て継続的な受任につながることもある。

　「ピンチはチャンス」「雨降って地固まる」である。トラブルが起きてしまったら「逃げずに真摯に対応する気持ち」がなにより大切である。

> **ここが実務のポイント㉗　安易に謝罪しない**
>
> 　依頼者が思い込みや勘違いで行政書士にクレームを付けることもままある。その場合，安易に「すみません」「申し訳ございません」などの謝罪の言葉を口にすると，その時点で依頼者は「行政書士が非を認めた」「行政書士が悪い」と断定する。
>
> 　明らかに自分に非があれば，当然直ちに謝罪しなければならない。しかし，そうでなければ「事実関係を確認します」と伝えて事実関係を至急調べることだ。謝罪の言葉はその後でもよい（ただし，自分に非があることもあるので間をおかないこと）。

第VI部

そこが聞きたい！Q&A30

失敗を回避する30問・30答

筆者は，2016年4月から行政書士の開業を目指す方に，「開業で失敗しないための準備」をテーマに講座（行政書士合格者のためのマンツーマン実務家養成講座）を主宰している。

　そこで，受講者から受けた質問を，「失敗を回避する」という観点で，「準備」「不安」「働き方」「取扱業務」「事務所」「集客」「面談」「受任」そして「番外編」の9つのテーマに分けて30のQ＆Aにまとめてみた。

　質問者は読者と同じ開業前の方である。「そういうことか」「なるほど」と合点が行ったり目から鱗が落ちることや「そこが聞きたかった！」という質問がきっとあるはずだ。講座に参加している気分で読んでいただきたい。

【図表55】◆第Ⅵ部の流れ

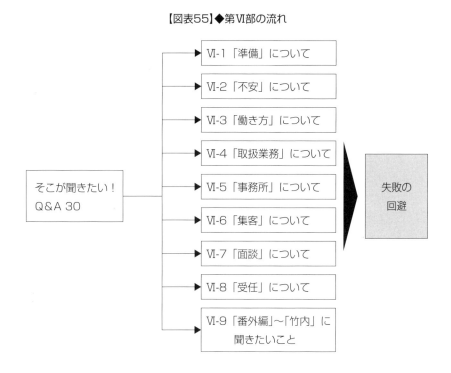

VI-1　「準備」について

Q1　コンセプト

　開業直後からスムーズにスタートするために，準備の段階で「これはしておくべき」ということを教えてください。

　コンセプトを考えることをお勧めします。コンセプトとは，その製品（サービス）の「本質的な顧客価値の定義」を意味しています。本質的な顧客価値を定義するとは，「本当のところ，誰に何を売っているのか」という問いに答えることです。

　それには，まず「サービスを売ろうとしている人」（＝顧客）のことをトコトン考え抜くことです。その人の行動，物事の考え方などを想像し，モデルになる人がいればその人を観察するのもいいでしょう。そうすると売ろうとしているサービスの現時点での足りないところが浮かび上がってきます。その足りないところを開業までにできるだけ補強していくことが「開業準備」といえます。

　このように，コンセプトを決めると「開業までにすべきこと」が明確になるので，準備を効率よく進めることがでます。その結果，開業後に"負のスパイラル"に陥ることを回避できるはずです。☞ Ｐ159〜161参照

A1　開業までに「コンセプト」を決める。

Q2　準備の程度

　開業に向けて準備が大切なことはよくわかりました。しかし，準備には「ここまでやれば完璧」といったゴールがありません。どの程度まで準備すれば開業してもよいでしょうか。

　開業して最もやってはいけないことは，依頼者に迷惑をかけることです。そこで，開業してもよい準備の基準として，「依頼者に迷惑をかけない能力の習得」が挙げられます。

　具体的には，自分が専門分野にしようとしている業務について相談を受けたときに，「着手から問題解決まで俯瞰できる能力」を習得することです。もっとも，その能力がなければ，面談の場で相談者に問題解決までの道筋（＝ロードマップ）を提示できないので受任は難しいでしょう。☞ P 115, 233〜238参照

A2	準備の目安は，開業までに取り扱う業務の「ロードマップ」を描けること。

Q3	開業資金
	開業資金はどのくらい必要ですか。

　「貧すれば鈍する」という諺があるように，資金がショートして生活に追われるようになると，無理をして能力を上回る仕事を取りに行って業務遅滞を発生させたり，「怪しい誘い」に乗って法を犯してしまうなどトラブルを引き起こす危険が高くなります。また，開業当初は，想定以外の出費がかさむことがしばしばです。

　それぞれの置かれた立場によって違うので一概にいくらとは言えませんが，開業当初から資金のことを心配しながら業務を行うとミスもしがちになります。心に余裕を持って業務に集中するためには，開業の初期費用を除いて2年間程度の生活費を用意しておくのが望ましいでしょう。☞ P 51, 94参照

A3	資金ショートはトラブルの原因になる。開業資金を貯めるのも準備のうち。

Q4　実務研修

現在サラリーマンをしています。在職しながら本格的な開業の前に"勉強"として登録しようと思っています。登録をするとどのような情報を得ることができますか。

行政書士となる資格を有する者（行書2）が，行政書士となるには，行政書士名簿に，住所，氏名，生年月日，事務所の名称および所在地その他日本行政書士会連合会の会則で定める事項の登録を受けなければなりません（行書6①）。

登録をすると，日本行政書士会連合会から毎月『月刊日本行政』という情報誌が送られてきます（届いたら「処分事例等の公表」は必ず読むこと！）。また，所属している行政書士会によっては月刊誌が送られてきたりインターネットで実務に関する情報を得ることもできます。

さらに，日本行政書士会連合会や所属行政書士会等の実務研修にも参加できます（ただし，研修のほとんどは平日に開催）。また，最近はオンライン講座も開催されています。

これらの研修のほとんどは，実践的で具体的な内容です。そのため，研修内容に関する基本的な事項（許認可関係では許可要件等，民事関係ではその内容に係る法律）を理解していることが前提で行われます。準備の段階で基本事項を押さえてから参加すれば有意義なものとなりますが，準備を怠って参加してしまうと消化不良を起こしてしまうので注意が必要です。

A4　行政書士会の研修は実践的。基本事項を理解してから参加すること。

Ⅵ-2 「不安」について

Q5　不安との付き合い方

　開業して経営がうまくいくか不安です。どうしたら安心できるようにな
るでしょうか。

　自分で納得できる準備をすること。それしかありません。ただし，経営者と
して事業を継続するにあたり，不安と付き合っていくのはある意味宿命と考え
ます。なぜなら，経営の成否は顧客に依存する部分が多く，その顧客を完全に
コントロールすることは不可能だからです。

　まず開業に向けてしかるべき準備をする。そうすればきっと「勇気」が生ま
れます。その上で「経営に不安は付きもの」と割り切る。さらに不安とうまく
付き合っていく自分なりの術を身に付ける。そうすれば，不安に押しつぶされ
ることは回避できるはずです。

A5　「納得の準備」は勇気を生む。

Q6　開業への反対

　妻が開業に反対しています。どうしたら説得できるでしょうか。

　身内から反対されている間は，開業はしない方がよいでしょう。そのような
状態で開業してもおそらくうまくいきません。それどころか，大切な人を失う
ことにもなりかねません。

　実は，私自身，合格直後に会社を辞めて開業しようと考えていました。しか
し，家族（その当時は，独身だったので父親）やほとんどの友人・知人から開業に
反対されてしまいました。冷静に考えれば，試験合格した程度の知識では依頼

者に満足行くサービス（速やかな問題解決）を提供できるはずもありません。そもそも専門分野も定まっていない状態で依頼をされるはずもありません。このような「当たり前のこと」も，合格直後のハイテンションのど真ん中にいた私は理解できていなかったのです。

身内や周囲の者からことごとく反対されて，クールダウンして冷静さを取り戻した私は，いったん開業を延期して在職しながら専門知識の習得などの開業準備をすることにしました。結局，準備に3年を費やしました。合格から3年後に開業したときは，家族や友人・知人は祝福してくれました。きっと準備の間の私の熱意を感じ取ってくれたからだと思います。

私もそうでしたが，合格直後はテンションが高くなっていて，開業すれば成功が待ち受けていると勝手に思いがちです。まさに自己中心の塊です。一度クールダウンする必要があるでしょう。

反対してくれる人はあなたのことを心配しているのです。説得をしようなど考えず，反対意見に耳を傾けて，その意見を参考にして準備をしましょう。そして，自分が納得できる準備が整ったら，改めて開業への思いや開業後のストーリーを話してみましょう。自分自身が楽しく話せて，反対していた人が「これなら大丈夫だね」「開業が楽しみだね」と応援してくれるようになれば，開業も成功する確率が高くなるはずです。

| **A6** | 合格直後はテンションが高い。クールダウンして反対意見に耳を傾けよう。 |

| **Q7** | 情報の見極め方 |

開業に関する情報が溢れていて混乱しています。情報の真贋をどのようにして見極めたらよいでしょうか。

玉石混交，さまざまな開業に関する情報が入り乱れています。中には，この

とおりにしたら,「真っ逆さまに負のスパイラルに陥ること間違いなし」という
ものも少なくありません。

　間違いなく言えることは,このようにしたら必ず成功するといった「成功の
法則」はこの世に存在しないということです。この観点に立って情報の取捨選
択を行えば,怪しげな情報に振り回されることを避けることができます。
☞P69参照

> **A7**　「成功の法則」は存在しないという観点に立って情報を見極める。

Ⅵ-3 「働き方」について

> **Q8**　使用人行政書士
>
> 　「使用人行政書士」として行政書士事務所で働くことができると聞きまし
> た。使用人行政書士のメリットとデメリットを教えてください。なお,ゆ
> くゆくは独立したいと考えています。

　まず,「使用人行政書士」の概要を説明しましょう。行政書士は,他の行政書
士または行政書士法人の「使用人」として行政書士業務(行書1の2・1の3)
に従事することができます(行書1の4)。このように,自らは事務所を持たず
他行政書士の事務所で働く「使用人行政書士」("勤務行政書士")は法認されて
います。

　「使用人行政書士」は自ら依頼を受けて業務を行うのでなく,雇用行政書士・
法人が受任した業務にその指導の下で従事・代理して業務を行います。また,
使用人行政書士が複数の行政書士・法人の使用人を兼ねることは,法律上禁じ
られていません。

　行政書士登録(行書6①)をする際の「事務所」は,主たる勤務先の事務所・
法人のそれを指すものと解されています。

このように，使用人行政書士は，使用人として給与を得て，使用者である雇用行政書士・法人から指導を得ながら実務を習得できるというメリットがあります。そこで気を付けたいのは，自分が独立後に専門にしようと考えている業務がその事務所で取り扱っているかということです。ほとんどの事務所は「建設業」「運輸業」「入管業務」「相続業務」といった具合に専門特化しているからです。相続業務をしたいのに建設業専門の事務所に入所したら「興味のない業務」をすることになってしまいます。

また，当然ですが行政書士によっても指導方法は異なります。採用面接で自分に合うか慎重に見極めるようにすべきでしょう。使用人行政書士といえども一人の行政書士であることには変わりありません。「手取り足取り指導してもらえる」といったような甘い期待は持たないことです。

なお，一般的に使用人行政書士の期間は数年のようです。お考えのように近い将来独立することを前提に考えておいた方がよいでしょう。

A8　使用人行政書士も一人の行政書士。「教えてもらう」という甘い考えは持たないこと。

Q9　副業

いきなり独立はリスクが高いので，当面は副業で行政書士を行うつもりです。実際のところ副業で行政書士業務を行うことは可能でしょうか。

勤務先が副業を免じているのであれば可能でしょう。ただし，依頼者にとっては，当然ですが，依頼した行政書士が「副業」か「専業」かは知ったことではありません。本業が多忙になってしまって副業の行政書士業務に時間を割くことができなくなっても，「本業が落ち着いてから申請しますのでしばらくお待ちください」という訳には当たり前ですがいきません。

自分が行政書士を副業としたときに，依頼者に「迷惑」をかけないか十分シ

ミュレーションしてみて，問題がなければ副業も可能でしょう。

A9　依頼者に不利益を与えないのなら副業も可。

Ⅵ-4 「取扱業務」について

Q10 取扱業務の選定

行政書士の広範な業務の特性を活かして，「来るものは拒まず」の精神で営業をしていこうと考えています。ただ，どのような依頼が来るのか不安もあります。取り扱う業務は絞った方がよいでしょうか。

ほとんどの相談者は，問題が発生したら，まずインターネットで解決方法を調べます。中には本を読んだり専門家の無料相談を利用したり官公署に問い合わせをする者もいます。そうしているうちに自然と知識を習得していきます(相談者のセミプロ化)。それでも自力で解決できないので「専門家」としての行政書士に相談するのです。

そのため，問題解決の難易度が高いものしか相談されません。「なんでもやる」「来るものは拒まず」というスタンスでは，ふつう「速やかに問題を解決したい」と切に願っている相談者の期待を面談の場で満たすことは難しいでしょう。そうなると，必然的に受任率は低下してしまいます。

このように，開業直後から受任するには，準備の段階でセミプロ化した相談者を，面談の場で「さすがは専門家！」と言わしめる知識を習得しておくことが求められます。また，業務を絞るとターゲットも明確になるので，効果的な集客にもつながります。

「行政書士が取り扱うことができる業務」と，「自分が実務でこなせる業務」はイコールではありません。「来るものは拒まず」の精神は頼もしいですが，得てして「何でもできるは何にもできない」になりがちです。十分気を付けてく

ださい。☞ P37，61参照

A10 「行政書士業務」と，「自分が実務でこなせる業務」はイコールではない。

Q11　専門分野を決める基準

　行政書士の業務は広範なため何を取り扱うか迷っています。専門分野を決める基準があれば教えてください。

「好きこそものの上手なれ」という諺のとおり，「好き」を基準に決めるべきです。受任するには，セミプロ化した相談者を凌ぐ知識が求められます（自分より知識が少ない者には絶対に依頼しません）。その程度の知識（専門知識）を有するには，一定以上の学習が必要です。「好き」な分野であれば，苦も無く，しかも夢中でその知識を吸収できます。反対に，「儲かるから」といったような浅薄な動機では，「専門家」と言われるための「壁」を突き破るのは困難を伴い，その過程は苦行と化すでしょう。

　知識が深くなればなるほど難易度の高い案件を受任できるようになります。難易度が高い案件は報酬も当然高額になります。ぜひ，「好き」を基準に専門分野を決め，楽しみながら知識を深めて「満足行く報酬」を得てください。
☞ P61，『そうだったのか！』Chapter 6「専門分野発見リスト」参照

A11 専門分野は「好き」を基準に決める。

Q12　遺言・相続業務の特徴

　専門分野の一つに「これは入れておいた方がよい」という業務はありますか。

遺言・相続分野がお勧めです。なぜなら相続から逃れられる人はいないからです。だから，友人・知人や会社関係など"顔がわかる人"のすべてが「見込み客」になります。しかも，顔がわかる人からの依頼は，わからない人からの依頼に比べて，一般に仕事がしやすく入金も安心できます。

実際，多くの方が遺言執行や遺産分割の手続が思うように進まずに苦労します。ぜひ，遺言・相続業務を専門分野の一つにして，"街の法律家"として身近な人をサポートしてください。☞ Ｐ62，『遺言・相続』参照

A12 相続から逃れられる人はいない。だから，"顔がわかる人"のすべてが「見込み客」になる。

Ⅵ-5 「事務所」について

Q13 事務所の賃借

事務所を借りる場合の注意点を教えてください。

行政書士は，その業務を行うための事務所を設けなければなりません（行書8①）。事務所は2以上設置できず，行政書士1人につき1か所に限られます（行書8②）。また，使用人である行政書士等は，その業務を行うための事務所を設けてはならないこととされています（行書8③）。

これらの規定は，行政書士が事務所を設けない場合や業務を行うための事務所を2以上設けるような場合には，責任の所在が不明確となり，依頼者や行政庁からの照会や責任追及等の際に支障をきたすおそれがあること，また，行政書士の資格は特定の個人に与えられるものであり，複数の事務所を持つことを許すと，その業務の正確かつ迅速な遂行に欠けるおそれがあること等のため設けられたものです。

さて，事務所を賃借する場合，所有者から，行政書士の業務を行う事務所と

して使用することを承諾する内容の書面（＝「使用承諾書」）を得られることが行政書士の事務所として登録できる第一の条件になります。

　また，シェアオフィスの場合は，守秘義務が守られる環境であるかがポイントになります（行書12）。そのため，賃貸借契約を締結する前に，登録する行政書士会に図面を見せて事務所として使用できるか登録申請をする前に確認することをお勧めします。

　なお，事務所は，行政書士が現実に業務を処理する本拠であり，行政書士個人としての住所とは観念的に異なるものですが，住所と事務所が同一の場所であっても差し支えありません（いわゆる「自宅事務所」）。また，数人の行政書士が同一の建物（部屋）に事務所を設けることも可能です（以上引用・参考『詳解』P 129・130）。☞ P 49，87参照

> **A13**　事務所を賃借するには，所有者から「使用承諾書」を得ることが条件になる。シェアオフィスの場合は守秘義務がポイントになる。

> ## Q14 自宅事務所
> 　まずは自宅事務所でスタートしようと考えています。自宅事務所で気を付ける点はありますか。

　開業するには，行政書士名簿に，住所，氏名，生年月日，事務所の名称および所在地その他日本行政書士会連合会の会則で定める事項の登録を受けなければなりません（行書6）。そして，登録されると日本行政書士会連合会のホームページの「行政書士会員検索」でだれでも「氏名」「登録年月日」「事務所の名称」「事務所所在地」「事務所電話番号」等を見ることができようになります。したがって，自宅を事務所にした場合，「自宅住所」等が公表されることになります。そのため，たとえば依頼者とトラブルを抱えてしまった場合，いつ何時自宅に押し掛けられるかもしれないというリスクが発生します。

　このように自宅での開業は安全に関して不安を拭えないと言わざるを得ません。したがって，自宅開業の場合は，セキュリティーを強化することをお勧めします。☞ Ｐ89参照

> **A14** 自宅で開業する場合は，セキュリティー強化が必要。

Ⅵ-6 「集客」について

Q15 アプローチの方法

　先日，知人に「行政書士に合格したんだ」と言いましたが，「行政書士って何をしてくれる人なの？」と言われてしまいました。そこで，私なりに説明をしたのですがさほど関心がない様子でした。これから行政書士を開業するにあたり，友人・知人に行政書士のことをどのように紹介すれば関心を持ってもらえるでしょうか。

　「行政書士」について関心が高い者は，受験予備校，受験生，行政書士くらいでしょう。したがって，「行政書士とは，……」と一般の方に話してもふつうは「だからどうなの」と片付けられてしまうのが落ちです。

　行政書士は「法律系の国家資格」という程度は認知されていますので，「私は，行政書士（＝法律系の国家資格）を活用して，あなたに（または「市民」に）このような法務サービスを提供する」というように，「自分が，だれに何を提供する（できる）」と具体的に伝えましょう。そうすれば，引合いにつながる確率はグッと高くなるでしょう。

> **A15** 「行政書士」について関心が高い一般人はほどんどいない。行政書士を活用して，自分が，だれに何を提供できるか説明すること。

Q16 在職中にすべきこと

行政書士試験に合格した後も仕事は続けています。数年の内に開業したいと思っています。在職中にしておくとよいことはありますか。

円満退職を心がけること。上司・同僚・部下などの人のつながりを開業後も継続できるようにしておけば，在職中の人脈はそのまま「見込み客」につながります。

そのためにも，在職中の仕事は最後まで責任を持って行い，惜しまれながら円満退職できるようにしましょう。☞ P48，84参照

A16 円満退職は開業後の仕事につながる。

Q17 集客優先の思考

行政書士のSNSの中には，「（実務の勉強は後回しにして）まずは集客」「依頼を受けてから学べばなんとかなる」「実務が一番の勉強」といったような「集客最優先」の記事をよく目にします。ただ，準備をそこそこにアプローチをして依頼を受けてしまったら，知識不足のため仕事を思うように進めることができなくなって依頼者に迷惑をかけてしまうのではないかと心配です。仕事は取ってからなんとかなるものですか。

「まずは集客」「依頼を受けてから学べばなんとかなる」「実務が一番の勉強」といったような「集客優先」の話に通底していることは，「準備はそこそこにして，早く稼ぎたい」という「自己中心」の考えです。この「自己中心」の考えでは，受任はおろか集客も覚束ないでしょう。なぜなら，準備不足の「ふわふわの実務脳」では，相談者に面談の場で，着手から業務完了までの道筋である「ロードマップ」を提示できないからです。それでは，セミプロ化した相談者

を満足させることはできないでしょう。

　運よく（相談者にとっては運悪く）受任できても，ロードマップを提示できなければ，実務の難易度と量に則した「満足行く報酬」を得ることはまずできません。そして，業務遅滞を発生させて，依頼者から損害賠償を請求されたり行政書士会から懲戒処分を受けることにもなりかねません。

　「しっかりと準備を整えてから実践に臨む」というのが真っ当な考え方です。物事には「順序」があります。「準備はそこそこにして，早く稼ぎたい」と思うのは勝手ですが，そうは問屋は絶対卸さないことは世の常です。「急がば回れ」というように，「顧客ファースト」の観点に立って準備をすれば，高い受任率と満足行く報酬は自ずとついてくるでしょう。

A17 物事には「順序」がある。準備を整えてから実践に臨むのが真っ当な考え方。

Q18 ダブルライセンスと受任

　社会保険労務士や司法書士などの他士業の国家資格や相続関係等の民間資格を取得しておくと受任に有利ですか。

　開業されると気付くと思いますが，相談者は「保有している資格の数が多いから」とか「難関資格を取得しているから」という理由で依頼しません。その専門家が「自分が抱えている切実な問題を速やかに解決してくれる」と確信できる者に依頼するのです（その者に任せるのに不安を感じれば絶対に依頼しない）。

　資格予備校は「行政書士の次は司法書士」といったように資格が増えれば依頼も増えるような宣伝をしていますが，「商売」ですから当然のことです。確かに，業際の問題上，資格を増やせばその分，取り扱える業務も増えます。しかし，依頼を受けるには，その分野で「一定以上の知識」が求められます。そして，その知識を習得するのは試験合格とは別物なのです。「資格をたくさん保持

していれば（取扱い分野が増えるから）依頼を受けやすくなる」いという浅薄な
考え方で他の資格を取得しようとするのであれば，時間とお金の無駄になるで
しょう。一方，自分が専門にしようと考えている業務に他の資格がどうしても
必要であれば，その資格取得に挑戦するのもよいでしょう。

A18 相談者は,「問題を速やかに解決してくれる」と確信できる者に依頼する。保有している資格には興味はない。

Q19 ホームページ

開業したらまずはホームページを開設しようと思います。ホームページ
で気を付ける点はありますか。

当然ですが，一般市民は，行政書士がホームページに「取扱業務」として掲
載した業務を，その行政書士が専門家（プロ）として遂行できると認識します。
したがって，掲載した業務に関しては，面談の場で受任から業務遂行までの
「ロードマップ」を描けるようにしておかなければなりません。

ロードマップを描ける能力がないにも関わらず，取扱業務として掲載するこ
とは，「できない業務をできる」と宣伝したことになります。このようなこと
は，「不当誘致等の禁止」（行書規6②，行書倫7）に抵触するおそれがあります。

身を守るため，なにより依頼者に良質な法務サービスを提供するために，ホー
ムページには，「できないこと」を掲載してはならないのです。☞P70〜71参照

A19 「できない業務」を「できる」と宣伝すると,「不当誘致等の禁止」に抵触する。

Q20 SNSと守秘義務

開業したらSNSを活用しようと思います。SNSで気を付ける点はありますか。

受任した案件の内容を事細かに「報告」している行政書士のSNSを見かけます。たとえ，依頼者を匿名にしていてもこのようなことは守秘義務に違反する場合があると考えます。

そこで，行政書士の守秘義務について見てみましょう。行政書士は，「正当な理由」がない限り，その業務上自己が取り扱った事項について知り得た秘密を漏らしてはなりません（行書12）。これは，行政書士業務が依頼者の権利義務と密接な関係を持つため，依頼を受けた事件に関連し個人の秘密を知る場合が多いことから課せられたものです。

本条でいう「正当な理由」とは，本人の許諾や法令の規定に基づく義務があること等をいいます。SNSで受任した内容を詳細に公表することは「正当な事由」に該当するとは思えません。なによりも，依頼者が，行政書士がSNSで依頼内容を公表していたら，たとえ匿名であっても気分を害すでしょう。また，場合によっては競合他社に新規事業の内容を知られてしまうなど依頼者に損害を与えてしまうことも考えられます。

なお，守秘義務に違反すると，「1年以下の懲役又は100万円以下の罰金」に処せられる場合があります（行書22）。

行政書士として活動する場合，当然ですが行政書士法に基づく責務が求められます。行政書士を称してSNSを活用する場合は，その点に十分留意する必要があります（以上参考『詳解』P136・137）。

A20 SNSを活用する場合は「守秘義務」に留意すること。

Q21　無料相談

　開業してしばらくは「無料相談」や「無料セミナー」で集客をしようと考えています。無料相談で気を付けることはありますか。

　まず確認しておきたいことがあります。たとえ無料でも行政書士として相談に応じれば，発言に対して責務は発生します。これは忘れないでください。

　さて，無料相談で集客をお考えのようですが，確かに，「有料」と比べれば相談者にとってハードルが低いと思います。ただし，ハードルが低い分「それほど困っていない人」も相談に訪れます。そのような人のほとんどは筆者の経験上「有料」で依頼をしません。その点をあらかじめ覚悟しておいた方がよいと思います。これは無料セミナーも同様です。

　無料相談では当然ですが報酬が発生しません。また，相談に数時間を費やすので，実際は「時間」という「見えないコスト」が発生しています。そのため，無料相談を闇雲にすると事務所経営を圧迫してしまいます。

　このように，無料相談は集客しやすいというメリットがあります。一方，無料でも責務は発生します。また，受任につながる確率は低く，継続すると経営を圧迫してしまいます。以上の点を踏まえて，戦略的に無料相談を取り入れることをお勧めします。

A21　無料相談でも責務は発生する。無料相談のメリット・デメリットを踏まえて，戦略的に活用すること。

Ⅵ-7　「面談」について

Q22　面談の留意点

　特に開業当初に面談で気を付ける点はありますか。

「わからないこと」をわかった振りをして，相談者に希望を持たせる回答をしてしまうこと。これは絶対にしてはいけません。

たとえば，相談者の話を聞いてみて許可を取れるか判断しかねるのに「(許可の取得は) 大丈夫だと思いますよ」と相談者が「許可が下りる」と思わせるような発言をしたとしましょう。すると，それを聞いた相談者は，許可が下りることを前提に，事務所や営業所を借りるなど準備を進めてしまうかもしれません。そして，許可が下りなかった場合は，行政書士が損害賠償請求を受けることもあり得ます。したがって，確信が持てない場合は，「検討いたします」と言って，その場での回答を留保するようにしましょう。

また，行政書士は「相談だけ」受けたつもりでも，相談者は「依頼をした」と思っている (その逆もある) といった，「思い違い」のトラブルも多くあります。このトラブルは，更新許可の期限が過ぎてしまうなどの重大な問題につながるおそれがあります。相談を受けた場合は，相談だけなのか，それとも依頼をするのかを必ず確認するようにしましょう。その手段として「見積書」を面談で提示することは効果的です。☞Ｐ109〜125参照

A22 面談で相談者に「希望を持たせる発言」は慎重にすること。また，「依頼する・しない」を相談者に確認すること。

Ⅵ-8 「受任」について

Q23 依頼応諾義務

行政書士は「依頼に応諾する義務」があると聞きました。知識不足で依頼者の期待に沿えないような場合でも，依頼を受けなければならないのでしょうか。

行政書士は，正当な事由がある場合でなければ，依頼を拒むことができませ

ん（行書11「依頼に応ずる義務」）。そして，この規定に違反すると100万円以下の罰金に処せられます（行書23①）。

　国民からの業務の依頼に対して行政書士が原則的な応諾義務を法定され，その違反に罰則が付されているのは，専門士業の業務独占が国民の権利実現など社会公共的理由に基づくことに対応しています（『コンメンタール』P 111）。

　もっとも，本条に記されているように，「正当な事由」がある場合には依頼を拒むことができます。正当な事由とは次のようなケースが考えられます。

> ・病気，事故等行政書士が業務を行い得ない場合
> ・依頼者がその書類を犯罪その他不法な用途に供せんとする意図が明白な場合
> ・行政書士の業務の範囲を超えるもので，他の法律により制限されている業務の依頼である場合
> ・依頼された事件が多く，依頼者が希望する日時までに業務を完了できない場合　等
> （以上『詳解』P 136）

　したがって，知識不足で，相談者の期待に沿えないと判断した場合は，その旨を伝えて断るか，依頼者の期待に即応できる行政書士を，相談者に承諾を得た上で紹介するのがよいでしょう。また，業際問題が生じる相談は，信頼できる他士業を紹介するのもよいでしょう。

　なお，やってはいけないことは，依頼者の期待を叶える能力がないにも関わらず，「仕事を得たい」という自己中心の考えで受任してしまうことです。

A23　行政書士は「依頼に応諾する義務」があるが，「正当な事由」があれば依頼を拒むことができる。

Q24　怪しい相談

　「怪しい相談」もあると聞きます。怪しい相談とそうでないものの見極め方を教えてください。

「親切な人」には注意すること。「親切な人」とは面識がないのにも関わらず仕事を紹介してくれるような人のことをいいます。

たとえば,「先生に入管業務を1件5万円で月に10件紹介します。書類はこちらで手配しますから,先生は書類のチェックと入管への取次ぎをお願いします」といった具合に,やたらに親切にアプローチしてきます。このような"親切"な申出は虚偽申請と考えてまず間違いありません。絶対に受任しないこと。

「親切な人」からの依頼に共通しているのは,「直接依頼者と会えない(または連絡を取れない)」ということです。もし,「怪しい」と感じたら,「直接本人(=申請人)と話をさせてください」と言ってみましょう。大概は「それでは結構です」と引き下がるでしょう。

なにより,「世の中うまい話はない」という世を生きる上での原理原則を肝に銘じておきましょう。そうすれば,このような「怪しい相談」に引っかかることはないはずです。

A24　「親切な人」には注意すること。世の中「うまい話」はまずない。

Ⅵ-9　番外編～「竹内」に聞きたいこと

Q25 初受任

初めての仕事はどのようにして受任しましたか。

合格してから開業までの3年間に,友人・知人に会ったら「いつ・どこセミナー」を開催して遺言・相続について学んだことを伝えていました。そのことは,勉強の励みにもなり「見込み客」の開拓にもつながりました。

その結果,開業前に遺言書作成を2件,遺産分割を1件の合計3件の「予約」を頂き,開業後に正式に受任しました。

知り合いからの依頼はプレッシャーもありましたが「人となり」がわかって

いた分，安心して業務に取り組むことができました。開業前の「いつ・どこセミナー」は実務脳の習得と集客に効果的です。ぜひお試しください。

☞ Ｐ85参照

A25 「いつ・どこセミナー」で開業前に「予約」を得る。

Q26 労働時間

毎日どのくらいの時間働いていますか。

「１日何時間働く」とは決めてはいません。「今日はここまでやる」と決めたことが終われば１日の仕事は終了としています。平均すると８時間程度ですが期限が迫っている案件がある場合は，それ以上になることもあります。ただし，睡眠時間（7時間）を削るような働き方は避けるようにしています。なぜなら，頭を使う仕事なので寝不足の「ふらついた頭」では仕事にならないからです。

A26 労働時間は決めていない。「やること」が終わればその日は終了。睡眠時間は確保する。

Q27 日常の心の持ち方

毎日の生活で心がけていることはありますか。

健康第一を心がけています。そのため規則正しい生活と適度な運動を行っています。具体的には，毎日５時に起床して，10時に就眠，そして毎朝犬と30分程度の散歩とラジオ体操をしています。

開業したらほとんどの者は個人事業主になります。個人事業主は健康を害してしまうと代替が利きません。不規則な生活習慣は病気に直結します。十分気

を付けてください。

> ### A27　個人事業主は健康第一。規則正しい生活習慣を心がける。

> ### Q28　経営の安定
>
> 開業してどのくらいで経費は安定しましたか。

　約20年この仕事をしていますが「安定している」と思ったことは一度もありません。このようなことを聞くとガッカリされるかもしれませんが，これが偽らざる気持ちです。

　たとえ，経営状態が良好であっても，策を打たなければ，その状態がそのまま継続していくということはまずないからです。

　あらゆるビジネスの目的は「持続的な利益」です。そのために，日々，目の前の依頼を一つひとつ丁寧かつ速やかに遂行することと同時に，戦略を描きながら事業を行っています。

> ### A28　「安定している」と思ったことは一度もない。

> ### Q29　出版
>
> 　開業したら本を出したいと思います。本を出すにはどうしたらよいでしょうか。

　本を出すこと自体は簡単です。お金さえ積めば自費出版で出せます（200万円程度は必要らしい）。

　ただし，商業出版の場合はそういうわけにはいきません。本を出すためにはいくつかクリアしなければならないことがありますが，まずは出版社が「この

内容なら売れる」と思える企画書を出せることが条件になります。

　もちろん，最初から出版社の目に留まる企画書を書き上げることはふつうできません。そこで，まずは「コンテンツ」を書き留めることから始めることをお勧めします。コンテンツというとなにやら難しく感じますが，気付いたことや閃いたことを箇条書きで書き留めることから始めてみましょう。

　また，開業準備の内から，専門分野に関する知識や情報を書き留めておけば，開業後のホームページやブログ等のコンテンツとしても活用できます。

　そして，書き留めたコンテンツを整理してみて「この企画ならいける！」というものができたら，出版社に持ち込んでみます。編集者の目に止まれば，出版の道が開かれるでしょう。

A29 出版の第一歩は「コンテンツ」作りから。

Q30 食える・食えない

　ズバリお聞きします。行政書士で食えますか。

　お約束の質問ありがとうございます。この「伝統的な質問」に対しては，「顧客に認められれば食えるし，認められなければ食えない」という至極当たり前の答えしかご用意できません。

　行政書士の顧客は取り扱う分野を問わず「今抱えている切実な問題を速やかに解決したい」と切に願っています。したがって，その願いを叶える能力（顧客価値を実現できる能力）があれば，高い受任率と満足行く報酬が実現できて，自ずと〝食える〟ようになるでしょう。

　したがって，「行政書士」という資格のカテゴリーで「食える」「食えない」を論じること自体無理があると思います。

　なお，受任率と報酬については，拙著『行政書士のための「高い受任率」と「満足行く報酬」を実現する心得と技』（税務経理協会）に詳述しました。興味

ある方はご一読ください。☞Ｐ75参照

A30 顧客に認められれば食える。認められなければ食えない。

第VII部

開業で失敗しないための
「骨法10カ条」

ここで，これまで本書で述べたことを振り返ってみたいと思う。

　本書は「成功するには失敗しないこと」という観点から，まず，開業で失敗しないために「失敗を知る」ことからスタートした。そして，失敗の実例として処分事例を分析した結果，行政書士の失敗は「業際違反」と「行政書士の責務違反」の2つに集約できることを証明した。さらに，失敗の原因である「失敗の9つの要因」を明らかにした。この「失敗の9つの要因」の克服が失敗回避に直結するのである。

　次に，開業後に失敗を回避するために，開業準備の段階で，「失敗の9つの要因」を補完して「失敗しない体制」を確立する方法を開示した。
　続いて，構築した体制を単なる「器」で終らせないために，「失敗しない体制」を起動させる役割を果たす「実務脳」の習得方法を紹介した。

　本書は開業準備の本である。したがって開業後の内容については触れる必要はない。しかし，開業直後から直面する「集客」「業務スキル」「クレーム」の3つについても言及した。なぜならこれら3つは開業準備の延長線上に存在しているからだ。

　私が開業準備について本書で述べたことは以上である。そこで，本書の最後にこれまで書いたことを，「開業で失敗しないための骨法10カ条」にまとめてみた。あらゆるジャンルに共通した原理原則。これが骨法である。つまり，行政書士として開業する者は，年齢・経歴・専門分野などさまざまであるが，ここに紹介する10カ条は，それらの違いを超えた行政書士の開業を目指すすべての者に共通する「開業で失敗しないための原理原則」である，心して読んでいただきたい。

◆骨法その１　開業の成否は「準備」で決まる

　開業で成功するか失敗するかは開業準備でほぼ決まる。つまり，スタートライン（＝行政書士名簿に登録された時点，行書６）に立った時点でその者の成否はほぼ決まっている。準備の内容が事の成否に影響することはあらゆることに通底している。自分の理想としている「成功者」を思い浮かべてみれば，その者が入念な準備をしてから事に当たっているのがわかるはずだ。

　「行政書士のバッジを付けるまでにここまで準備する」と開業基準をまず決める。そしてその基準に到達したら開業する（到達するまで開業しない）。そうすれば，失敗を回避して自分が掲げる成功に近づける。

　なお，開業のメルクマールの一つとして，「自分の想定する依頼者に迷惑を掛けない程度の実務脳を習得できた」と確信できたときが挙げられる。

◆骨法その２　「成功の法則」はないが「失敗の法則」はある

　「こうすれば行政書士として成功できる」という「成功の法則」は存在しない。当たり前のことである。しかし，その存在を探し求めてさまよう者が後を絶たない。そのようなことをしても，時間と金を無駄にするだけである。

　「手っ取り早く成功したい」という考えで行動すると「集客できても受任できない」「受任できても依頼者からクレームを付けられる」「提供したサービスと比べて満足行く報酬を得られない」といった"負のスパイラル"に巻き込まれる。

　一方，「こうすれば失敗する」という「失敗の法則」は存在する。本書で明らかにしたとおり，行政書士が起こすほとんどは「業際違反」（行書１の２②・１の３①ただし書）と「行政書士の責務違反」（行書10）の２つの違反である。そして失敗を引き起こす要因は９つ（「行政書士法の知識不足」「専門知識の不足」「文章力の不足」「経験知の不足」「人的資源の不足」「物的資源の不足」「資金の不足」「健康管理の認識不足」「過大な自己評価」）ある。

　したがって，開業前に「９つの要因」を補完して「失敗しない体制」を整え，その体制を起動させる「実務脳」を習得すれば，開業後に待ち受けている失敗

を回避することができる。

◆骨法その3　何のために行政書士になるのか考え抜く

何のために行政書士になるのかトコトン考え抜いてみる。このことは，「本当のところ，だれに何を売るのか」を考えることにつながる。

この答えが「コンセプト」である。コンセプトはどんな状況でもブレてはいけない。すなわち行政書士として生きていく上での「北極星」である。

ある行動を実行する・しないの選択は，「それがコンセプトに合う・合わない」で判断する。そうすれば，行動に一貫性が認められる。だから「時間」「金」「能力」を効果的に活用できる。結果として成功に到達する可能性が高くなる。

反対に，コンセプトが曖昧だと，先輩やコンサルタント等の第三者の意見に振り回されてしまう。そして脈絡のない場当たり的な行動に出る。そうなると「時間」と「金」を浪費して「能力」を低下させてしまう。

コンセプトは自分への問いかけによって自ら生み出すもの。他人が作った文言を拝借したり，他人から勧められて決めるものではない。当然，一朝一夕にできるものではない。

コンセプトを生み出すのに「時間のかけ過ぎ」ということはない。開業準備中に自問自答を繰り返して十分時間をかけて心底納得いくコンセプトを生み出すことだ。

◆骨法その4　己の力量を知る

ほとんどの者は「コンセプトを達成しよう」と考えた時点で自分の力不足に気付く。コンセプトの実現は将来における自分の理想の実現に通じる。だからコンセプトと現時点の自分の力量にギャップがあるのが普通である。むしろ，「今の力でコンセプトを達成できる」という自信満々な考えは自惚れであり危険である。このような考えで突っ走ってしまうと致命的な失敗に直結しかねない。

　自分と向き合う。そして、「自分のありのままの力量」と「コンセプトを実現するために求められる力量」との差（＝ギャップ）を客観的に受け入れる。そして、その「差」を「失敗しないレベル」まで埋める作業が、すなわち「開業準備」といえる。

◆骨法その5　「順序」が大事

　事を為す順序を誤ると失敗する確率はぐんと高くなる。たとえば、体制の構築と実務脳の習得をなおざりにして集客を優先して開業したとする。集客が功を奏して相談者が来所しても、面談で相談者に力不足を見透かされてまず受任できない。運よく受任できても満足行く報酬を得ることはできない。そして、業務遅滞を引き起こして依頼者とトラブルになる可能性が高くなる。

　開業準備の段階で、まず体制を整える。そして面談で受任できるレベルの実務脳を習得する。次に「いつ・どこセミナー」や「ありがとうセミナー」を開催するなどして「見込み客」の獲得に取り掛かる（「体制の整備」「実務脳の習得」および「見込み客の集客」は平行して行われることもある）。

　「集客」→「体制の構築」・「実務脳の習得」の順ではない。「体制の構築」・「実務脳の習得」→「集客」である。このことを肝に銘ずること。

◆骨法その6　「好き」が好循環を生む

　仕事に対して「好き」という気持ちがあれば「もっと知りたい」と思うから深く学べる。「好き」だから困難に遭遇してもあきらめないで楽しく乗り越えられる。気が付くと実務脳の精度が自然と高くなっている。すると、面談の場で相談者から信頼を得られる。その結果受任率が上がる、そして紹介等で相談件数が増え経験知が深まり満足行く報酬を得ることができる。

　「合格したからなんとなく」などといったユルユルの考えで開業してしまうと、その脆弱な知識で業務遅滞を発生させて相談者・依頼者を不幸にしてしまう（自分も当然損害賠償・懲戒処分等で不幸になる）。これは、「行政に関する手続の円滑な実施に寄与するとともに国民への利便に資し、もって国民の権利利益

の実現に資する」（行書１）ことを目的とする行政書士としては絶対にやっては
いけないことである。

◆骨法その７　自分が商品

　たとえ納得いく開業準備ができても，開業するとさまざまなストレスが押し
寄せてくる。これは「事業主」の宿命だ。受け入れるしかない。
　心身の状態が優れなければ当然事業活動にダイレクトに支障が出る。開業準
備の段階で自分に合ったストレスを軽減する術を身に付けておくこと。また，
健康診断を受診して異常があったら開業準備中に治療すること。そして，規則
正しい生活習慣を身に付け，開業時にはベストに近い心身の状態で迎えること。
なお，身形にも十分気を配ることは言うまでもない。

◆骨法その８　「大切な人」から理解を得る

　開業前に自分にとって大切な人から開業の理解を得る。そのためには「自分
は誰に何を提供するのか」「開業準備の内容」「開業後の生活環境・見通し」に
ついて論理的（順序立ててストーリーを語るように）に話ができなければならない
（そこで「面白そうね」「応援するね」と賛同が得られたら，あなたのストーリーは筋
がよい証拠！）。
　大切な人はあなたの理解者だ。その人を納得させることができなければ，開
業後に相談者から信頼を得て依頼を受けることは難しいと言わざるを得ない。
　なお，大切な人から理解を得られずに開業してしまうと，その人を失うこと
になりかねない。それでは本末転倒である。注意されたい。

◆骨法その９　臆病な気持ちで業務に取り組む

　業務に対して「この選択が本当に適切なのか」「書類の内容は本当にこれで
よいのか」「相続人がまだ他にいるのではないか」「許可基準を満たしていない
要件があるのではないか」といったように，「臆病な気持ち」で取り組む。そ
うすれば，自然と慎重になり致命的な失敗を避けることができる。

　開業当初はだれでも自然と臆病になる。初めてのことばかりだから当然だろう。しかし，慣れ出してくると「大丈夫だろう」と高を括って大胆になってくる。この時期が致命的なミスを犯しやすい。十分注意してほしい。

◆骨法その10　「スピード」を重視する

　依頼者はなぜ行政書士にお金を払ってまでして依頼するのか。それは「今，自分（会社）が抱えている先の見えない切実な悩みを速やかに解決したい！」と切に願っているからだ。つまり，依頼者は行政書士に「スピード」を要求しているのだ。だから，業務遅滞は依頼者の期待を真っ向から裏切る行為となる。そうなってしまうと，依頼者はいら立ち，場合によっては損害を被ることもある。そうなってしまっては行政書士は依頼者から当然クレームを受ける。

　仕事に失敗は付きものだ。どんなに周到に準備しても起こしてしまうこともある。ただし，早め早めに業務を進めていれば，失敗の程度は軽度で済みリカバリーし易い。素早いリカバリーは信頼を生みピンチをチャンスに変えることができる。しかし，業務遅滞の状態で失敗してしまうと，更新許可申請書を提出期限までに官公署に申請できなかったり，遺産分割業務で相続人間で疑心暗鬼が生じて揉め出すなど致命的な失敗に直結する危険性が高くなってしまう。こうなると，もはや手遅れ。謝罪して済むレベルではない。

　時間は巻き戻すことができない。実務では「スピードを重視する」ことを忘れてはならない。

第VIII部

資 料 編

本書で紹介した実務に直結する13の資料を掲示する。
いずれも開業準備中に知っておくべき，用意してお
くべき資料である。

この資料を自分仕様にカスタマイズして実務に活用
していただきたい。

Ⅷ-1　実務直結資料13

実務直結資料１～「見積書」（P76「Ⅲ-4⑵①」，P118「Ⅳ-1-2⑶⑥」）

⑴　入国管理業務

20××年×月×日

見　積　書

株式会社ゼイケイテクノロジー　御中

　「在留資格認定証明書交付申請」につきまして，下記のとおりお見積いたします。

手数料	￥120,000
消費税(10%)	￥12,000
実費・立替金	￥5,000
見積金額合計	￥137,000

着手金・手数料

区分	件名	手数料額 （単価）	摘要 （枚数等）	単位	金額
手数料	相談（面談，電話,メール等）	￥5,000	10	時間	￥50,000
〃	書類作成（在留資格認定証明書交付申請書）	￥5,000	10	時間	￥50,000
〃	日当（半日，入国管理局への申請）	￥5,000	4	時間	￥20,000
			①小計		￥120,000
			②消費税額(10%)		￥12,000
			手数料合計（①＋②）…A		￥132,000

実費・立替金額明細

区分	件名	単価	摘要 (枚数等)	単位	金額
実費相 当額	交通費，複写代等	￥5,000	1	式	￥5,000
			実費・立替金合計・・・B		￥5,000

合計金額（A＋B）　　　　　　　　　￥137,000

（注1）　外国文は訳文が必要です。翻訳を当事務所が行う場合は，別途ご請求い
　　　　たします。

（注2）　受任の際は，「委任契約書」を締結させて頂きます（委任契約の締結後に
　　　　業務を開始いたします）。

1．業務内容：在留資格認定証明書交付申請に係る次の業務

　（1）　相談業務

　（2）　書類作成業務：在留資格認定証明書交付申請書

　　　　（在留資格「技術・人文知識・国際業務」）

　（3）　申請取次業務：東京出入国在留管理局への申請書類提出の取次

　（4）　上記(1)～(3)に係る一切の業務

2．特約：次の場合は追加費用が発生する場合があります。

　（1）　事実関係が面談の内容と相違する場合

　（2）　行政書士法により他の専門家が業務の一部を行う場合

3．お支払い日：「委任契約書」締結日の翌月末日までお振込

4．お振込先：税経銀行　新宿支店（普通）1234567

　　　　　　口座名義：竹之内　豊（たけのうち　ゆたか）

5．見積有効期限：20××年×月×日

　　　　　　事務所　〒102-0083　東京都千代田区麹町3-2-1

　　　　　　　　　　　エキスパートビル321号

　　　　　　　　　電話　03-1234-1122

　　　　　　竹之内行政書士事務所

　　　　　　行政書士　竹之内　豊

(2)　公正証書遺言作成業務

20××年×月×日

見　積　書

税務　太郎　様

　　　公正証書遺言作成について，下記のとおりお見積いたします。

手数料	￥90,000
消費税(10%)	￥9,000
実費・立替金	￥63,000
見積金額合計	￥162,000

手数料

区分	件　名	手数料額 （単価）	摘要 （枚数等）	単　位	金　額
手数料	相談	￥5,000	5	時間	￥25,000
〃	相続人調査	￥5,000	5	時間	￥25,000
〃	相続財産調査	￥5,000	4	時間	￥20,000
〃	事実関係を証する 文書の請求・受領	￥1,000	10	通	￥10,000
〃	公証人との打合せ	￥5,000	1	時間	￥5,000
〃	証人	￥5,000	1	時間	￥5,000
			①小計		￥90,000
			②消費税額(10%)		￥9,000
			手数料合計(①＋②)…A		￥99,000

実費

区分	件　名	単　価	摘要 （枚数等）	単　位	金　額
実　費	公証役場手数料(注)	￥50,000	1	式	￥50,000
〃	証人（行政書士）	￥10,000	1	名	￥10,000
実　費 相当額	交通費，複写代他	￥3,000	1	式	￥3,000
			実費・立替金合計・・・B		￥63,000

合計金額（A＋B）　　　　￥162,000

（注）　金額は概算です。公証役場から見積書を取得後，金額をお知らせします。

1．業務内容：公正証書遺言作成に関する次の業務

　(1)　相談業務

　(2)　相続人調査（「相続関係説明図」の作成を含む）

　(3)　財産調査（「財産目録」の作成を含む）

　(4)　事実関係を証する書類（戸籍謄本，不動産登記簿謄本等）の請求・受領

　(5)　公証人との打合せ

　(6)　公正証書遺言作成当日の証人（証人１名の手配を含む）

　(7)　上記(1)〜(6)に係る一切の業務

2．お支払日：手数料を業務着手時にお振込みください。なお，実費は
　　　　　　　公正証書遺言作成日の２日前までにお振込みください。

3．お振込先：税経銀行　新宿支店（普通）1234567
　　　　　　　口座名義：竹之内　豊（たけのうち　ゆたか）

4．見積有効期限：20××年×月×日

　　　　　　　事務所　〒102-0083　東京都千代田区麹町３-２-１
　　　　　　　　　　　　エキスパートビル321号

　　　　　　　　　　　電話　03-1234-1122

　　　　　　　　　　竹之内行政書士事務所

　　　　　　　　　　行政書士　竹之内　豊

実務直結資料2

～「東京都行政書士会行政書士事務所設置指導基準」(P88「Ⅲ-6⑴①」)

東京都行政書士会行政書士事務所設置指導基準

（目　的）

第1条　日本行政書士会連合会会則第2条に従い，品位の保持と事務所の
　　　　安定を期し，もって依頼人の信頼に応えその利便に供するため，こ
　　　　の指導基準を定める。

（構造等）

第2条　事務所の設置にあたっては，業務取扱上の秘密を保持しうるよう
　　　　明確な区分を設けるとともに，他人が容易に侵入できない構造でな
　　　　ければならない。

　　2　事務所の管理に責任を持ち，正常な利用，運営を図らなければな
　　　　らない。

　　3　事務所は，不特定多数人に認識され，その依頼に応じられるよう
　　　　適当な場所に設置しなければならない。なお，変更登録申請の場合
　　　　は，行政書士事務所であることを明らかにした表札を掲示していな
　　　　ければならない。

　　4　事務所の防火及び消火の設備を確保するよう努めなければならな
　　　　い。

　　5　事務所の内外装は，品位を保持しうるよう配慮しなければならな
　　　　い。

（設　備）

第3条　事務所の設備は，概ね次のとおりとする。

　　1　事務スペース及び接客スペースがあること

　　2　照明及び第5号から第7号記載の機器を作動させるための電源設

　　　　備及び通信回線設備

　　3　事務用机・椅子

　　4　書類等保管庫（容易に移動できないもの，鍵がかかるもの）

　　5　電話

　　6　プリンター・ＦＡＸ・コピー機等

　　7　パソコン等

　　8　用紙，事務用品等収納庫又は収納棚

　　9　業務用図書及び図書棚

（申請の留保）

第4条　会長は，この基準を満たしていないと思料するときは，当該登録
　　　申請を留保することができる。

附則

（施行期日）

　　1　この指導基準は，平成24年11月28日から施行する。

　　2　令和3年11月18日一部改正，令和4年2月1日施行。

実務直結資料３

～「事務所の名称に関する指針」（日本行政書士会連合会）（P90「Ⅲ-6⑴④」）

平成28年１月21日改訂

事務所の名称に関する指針

1. 「行政書士」の明示

　　事務所の名称中には，「行政書士」の文言を明示すること。

　　日本行政書士会連合会会則第60条の２により「単位会の会員は，その事務所について，他の法律において使用を制限されている名称又は行政書士の事務所であることについて誤認混同を生じるおそれがあるものその他行政書士の品位を害する名称を使用してはならない」こととされているので，「行政書士」の事務所であることを明確にしなければならない。

2. 同一名称の使用禁止

　　単位会の会員（個人会員及び法人会員）は，単位会の区域内で既に行政書士名簿に登録されている個人会員の事務所の名称又は行政書士法人名簿に登載されている法人会員の事務所の名称と同一の名称を使用しないこと。

　　また，共同事務所についても，複数の行政書士が同一の名称を使用することは受任した業務の責任の所在が不明確となるおそれがあり，利用者に不利益をもたらす可能性があることから，同一名称を使用しないこと。

※　同一名称を複数の行政書士で使用する場合には法人化すること。
　　ただし，次に掲げる場合についてはこの限りではない。
　(1)　個人開業行政書士が，その氏，名又は氏名を使用する場合
　(2)　行政書士法人が，その社員の氏，名又は氏名を用いる場合
　(3)　個人開業行政書士が，現に行政書士名簿に登録されている事務所の名称を当該会員が社員となって設立する行政書士法人の名称として使用する場合

227

3．制 限 事 項

(1)　他の法律において使用を制限されている名称

①　「法律」との文言が含まれる名称は不可とする。

(2)　他の資格と誤認されるおそれのある名称

①　他業種と誤認されるおそれのある文言が含まれる名称は不可とする。

例：「司法」「税務」等

②　行政書士個人として届け出るため，兼業者の場合であっても他資格の名称が含まれるものは不可とする。

例：「司法書士」「土地家屋調査士」「FP」（ファイナンシャルプランナーの略）等

(3)　国又は地方公共団体の機関と誤認されるおそれのある名称

①　行政の主体と誤認されるおそれのある文言が含まれる名称は不可とする。

例：「公共」「公益」等

(4)　行政書士の品位を害する名称

公序良俗に反するものは不可とする。

(5)　他者の氏，名又は氏名を使用しないこと。

他者の事務所であるとの誤認混同を生じるおそれがあるため，不可とする。

(6)　「特定行政書士」は個人の行政書士に対する一身専属性の呼称であるため，個人会員が「特定行政書士」を事務所の名称として使用することは可能だが，行政書士法人の場合，事務所の名称としてはなじまないため使用することは不可とする。

4．行政書士法人の従たる事務所の名称

従たる事務所の名称については，主たる事務所の名称と区別するため，従たる事務所であることを示す表示（例：○○行政書士法人○○支店，行政

書士法人○○　○○事務所）により行う。

5．名称使用の責任

　　行政書士名簿登録後又は行政書士法人登記後の「事務所の名称」に関する問題は，自己責任を原則とする。

　　名称によっては，商標権の制限等を受ける可能性もあり得るので，自己の責任において十分に留意すること。

実務直結資料４〜引合いメモ（P106「Ⅳ-1-1」）

No.＿＿＿＿＿

引合いメモ

No.	項　　目	内　　　容
1	引合い日時	年　　月　　日（　　）　　時　　分
2	相談者	(1)　氏　名 ＿＿＿＿＿＿＿＿＿＿＿＿＿＿＿＿ (2)　電　話 ＿＿＿＿＿＿＿＿＿＿＿＿＿＿＿＿ (3)　メール ＿＿＿＿＿＿＿＿＿＿＿＿＿＿＿＿
3	相談内容	(1)　何を 　　・ 　　・ 　　・ (2)　いつまでに 　　・ 　　・ 　　・ (3)　どうしたい 　　・ 　　・ 　　・
4	業際問題	(1)　有・無 (2)　「有」の場合の対応
5	面談日	年　　月　　日（　　） 午前・午後　　時　　分〜午前・午後　　時　　分
6	面談場所	□事務所 □相談者宅（　　　　　　　　　　　　　　　） □その他（　　　　　　　　　　　　　　　　）
7	相談料	□有料（　　　　　　）円・□無料
8	備考	

実務直結資料5～「面談メモ」（P109「Ⅳ-1-2」，P143「Ⅳ-2-1(4)②」）

No.　　　　　　

<h2 style="text-align:center">面 談 メ モ</h2>

No.	項　　目	内　　　　　容
1	面談日時・場所	年　　月　　日（　）・場所（　　　　　　　）
2	相談者	
3	準　備	(1)　予習 □基本書（　　　　　　　　　　　　　） □実務書（　　　　　　　　　　　　　） □アドバイザーへの相談 □パートナーへの協力の打診 (2)　確認事項 ・ ・ ・ ・ ・ ・ ・ ・ ・ ・ (3)　□見積書（下書き） (4)　□イメージトレーニング (5)　□雰囲気を整える
4	事実関係	・ ・ ・ ・ ・ ・ ・ ・ ・ ・

5	受任の判断	(1)　業際問題 　①　業務範囲：範囲内 　　　範囲外（パートナーへの紹介：する・しない） 　②　紛争性：有（弁護士の紹介：する・しない）・無 (2)　倫理問題：有・無 (3)　受任：する・しない
6	ロードマップの提示	済・未
7	業際の説明	済・未
8	アドバイザーの関与の説明	済・未
9	見積の提示	済（　　　年　　月　　　日）・未
10	委任契約の締結	済（　　　年　　月　　　日）・未
11	委任状の交付	済（　　　年　　月　　　日）・未
12	提出書類の指示	済（　　　年　　月　　　日）・未
13	帳簿の記載	済（　　　年　　月　　　日）・未
14	報酬請求	済（　　　年　　月　　　日）・未
15	連絡方法	□携帯(　　　　　　　　　　) □固定電話(　　　　　　　　　) □メール（　　　　　　　　　　　　　）
16	次回打合せ	(1)　日時：　　　　年　　月　　日（　）　　時　　　分 (2)　場所・方法：□事務所　□ご自宅 　　　　　　　　　□その他（　　　　　　　　　　　） (3)　打合せ内容 　・ 　・ 　・ 　・
17	その他	

実務直結資料6〜ロードマップ（P115「Ⅳ-1-2⑶③」, P168「Ⅴ-2-1⑶」）

⑴　公正証書遺言のロードマップ

1.　4月1日　第1回打合せ

⑴　説明事項

①　相続・遺言について

②　業務内容

③　報酬

⑵　決定事項

①　遺言の内容

②　公正証書遺言を作成する公証役場

③　報酬

④　受任

⑶　次回打合せまでに行うこと

①　行政書士

イ）推定相続人の範囲確定

a）戸籍謄本の請求・受領（依頼者の出生〜現在まで）

b）「相続関係説明図」の作成

ロ）財産調査

a）「現在事項証明書」（土地・建物）の請求・受領

b）「固定資産税評価証明書」の請求・受領

ハ）文案の作成

ニ）公証人との打合せ

ホ）証人の手当

②　依頼者

イ）「印鑑登録証明書」の取得

ロ）通帳の見開頁（写し）郵送

2．4月15日　第2回打合せ

　　(1)　**説明事項**

　　　　①　相続関係（「相続関係説明図」）

　　　　②　文案

　　(2)　**決定事項**

　　　　①　遺言の内容

　　　　②　遺言書の作成日

3．4月22日頃　○○公証役場にて公正証書遺言を作成

以上

(2)　相続手続のロードマップ

1.　4月1日　第1回打合せ

(1)　**説明事項**

①　遺産分割について

②　業務内容（範囲）

③　業際

④　報酬

(2)　**決定事項**

①　業務内容→遺産分割協議書の作成・金融機関の相続手続

②　報酬

③　受任

(3)　**次回打合せまでに行うこと**

①　行政書士

イ）相続人の範囲の確定

a）戸籍謄本の請求・受領

b）「法定相続情報一覧図」の申請（○○法務局）

ロ）相続財産の範囲と評価の確定

a）「現在事項証明書」（土地・建物）の請求・受領

b）「固定資産税評価証明書」の請求・受領

c）「残高証明書」の請求（各銀行）

d）「相続届」の取得（各銀行）

e）「財産目録」の作成

ハ）「遺産分割協議書」（案）の作成

②　依頼者

次の書類・資料を行政書士に郵送する。

イ）「印鑑登録証明書」（相続人代表者のみ）

ロ）「委任状」（相続人代表者のみ）

ハ）被相続人の預貯金の通帳・カード

2. 4月22日　第2回打合せ

(1) 提出書類（依頼者）

① 印鑑登録証明書（相続人全員）

② 委任状（相続人全員）

(2) 説明事項

① 相続関係（「法定相続情報」）

② 財産関係（「財産目録」）

③ 「遺産分割協議書」（案）

(3) 決定事項

① 「遺産分割協議書」の内容

3. 4月25日頃　書類の納品・返送

(1) 次の書類をお届けします。

① 「遺産分割協議書」（相続人全員分）

② 「相続届」（各銀行）

③ 「委任状」

(2) 次の書類を郵送してください（5月10日頃まで）。

① 相続人全員が署名・押印（実印）した上記(1)①②③の書類

② 相続人全員の「印鑑登録証明書」（相続人代表者を除く）

4. 6月上旬　各金融機関の相続手続完了

以上

※ 相続登記・相続税の申告は，当事務所のパートナー司法書士・税理士が行います。

(3)　在留資格認定証明書交付申請のロードマップ

1.　4月1日　第1回打合せ

   (1)　**説明事項**

     ①　在留資格について

     ②　業務内容

     ③　報酬

   (2)　**決定事項**

     ①　在留資格

     ②　報酬

     ③　受任

   (3)　**次回打合せまでに行うこと**

     ①　行政書士

      イ）提出書類の提示

       a）招へい機関（会社）

       b）申請人

      ロ）申請書（「在留資格認定証明書交付申請書」）の作成

      ハ）必要書類の請求・受領（「登記事項証明書」等）

     ②　依頼者・申請人

      行政書士から提示された書類を収集して提出する

      （4月20日頃まで）

2.　4月30日頃　第2回打合せ

   (1)　**説明事項**

     ①　申請書

     ②　今後のスケジュール

(2)　署名（記名）・押印

〜申請書に記名・押印をして頂きます

（5月10日頃まで）

　記名・押印が済みましたらご連絡ください。引き取り
に伺います。

3．5月10日頃　東京出入国在留管理局に申請取次

〜特段問題がなければ，概ね申請後1月〜2月で「在留資格
認定証明書」が交付されます。

以上

実務直結資料7～委任契約書（P119「Ⅳ-1-2⑶⑦イ」）
在留資格認定証明書交付申請の事例

法 律 事 務 委 任 契 約 書

委任者（甲）（申請人代理人）

　　　　　　　住　所　東京都新宿区下落合○丁目○番○号　税経ビル

　　　　　　　法人名　株式会社ゼイケイテクノロジー

　　　　　　　代表取締役　税 務 太 郎

受任者（乙）住所　東京都千代田区麹町3－2－1　エキスパートビル321号

　　　　　　　氏名　竹之内行政書士事務所　行政書士　竹之内　豊

　　　　　　　東京都行政書士会所属

　　　　　　　登録番号：第010□□□□□号

　　　　　　　申請取次行政書士

　　　　　　　登録番号：行－130000000000

　　委任者　株式会社ゼイケイテクノロジー（以下「甲」という）と受任者竹之内行政書士事務所　行政書士　竹之内　豊（以下「乙」という）は，以下のとおり法律事務委任契約を締結する。

　　乙は，出入国管理及び難民認定法（以下「入管法」という），行政書士法その他法令を遵守し，早期に甲のため最善の結果を獲得することを目指し，甲は，乙の業務遂行に協力する。

（業務の範囲）

1.　甲は乙に○○○○（国籍：ベトナム，男性，1985年○月○日生）（以下「丙」という）の入管法に係る次の業務を依頼する。

(1) 相談業務

(2) 書類作成業務：「在留資格認定証明書交付申請書」

　　（在留資格：技術・人文知識・国際業務）の作成

(3) 申請取次業務：東京出入国在留管理局への取次

(4) 上記(1)から(3)に係る一切の業務

（支払の金額及び期日）

2. 甲は乙へ次のとおり２回に分けて金員を支払うものとする。

(1) 着手金　金　　　　　　　　円（20××年×月×日までに振込）

(2) 手数料　金　　　　　　　　円（申請日の月末締め翌月末日まで振込）※

　　※　ただし，経費の精算の都合上，金額に多少の前後が生ずる場合がある。

（支払方法・振込先）

3. 甲は下記に振込するものとする。

　　ただし，振込手数料が発生する場合は，甲が負担するものとする。

　　税経銀行　新宿支店　（普）1234567

　　口座名義　竹之内　豊（たけのうち　ゆたか）

4. 特約

（業務着手）

(1) 乙は本契約が甲との間で締結後，本申請業務に着手するものとする。

（申請後の追加書類等）

(2) 申請後に東京出入国在留管理局から申請内容に関する質問又は追加
　　書類を求められた場合は，乙は甲に速やかに報告し，甲は事件解決に
　　向けて協力するものとする。

（不交付）

(3) 本申請における在留資格認定証明書の交付は，法務大臣の裁量によ

る。従って，乙は不交付の結果をみても，甲及び丙から一切異議を受け付けない。また金員の返金は一切無とする。

　　ただし，不交付事由が甲並びに丙に一切帰すべきものでなく，乙が明らかに注意義務を怠った結果に帰する場合は，乙は最善の努力をもって事件解決に努めるものとする。

（辞任）

(4)　行政書士法及び行政書士倫理綱領に抵触する事態が発生した場合は，乙は乙の判断で辞任できるものとする。なお，その場合は，乙は甲に理由を説明しなければならない。

（申請人との連絡等）

5.　丙との連絡及び申請に必要な書類等の受け渡しは甲が行うものとする。

（入社辞退等）

6.　丙の入社辞退又は甲から丙に対して内定取消し（以下「入社辞退等」という）を行った場合は，甲は乙にその旨を直ちに通知し乙は一切の業務を中止するものとする。なお，乙は甲から提出された資料を甲に返却し，経費を精算することにより一切の業務を終了するものとする。

（入社辞退等の費用）

7.　入社辞退等が生じた場合の費用は次のとおり行うものとする。

(1)　業務着手から着手金の入金までの間に入社辞退等が生じた場合：
　　甲は乙に対して着手金及びそれまでにかかった経費を支払うものとする。

(2)　着手金及び前受金（経費等）の入金後に入社辞退等が生じた場合：
　　着手金の返金は一切行わないものとする。また，業務の進捗状況を勘案した上で，甲・乙双方協議し支払金額を決するものとする。た

　　　だし，前受金は経費を精算し乙から甲に対して請求若しくは返金する
　　ものとする。
　(3)　申請書類完成後に入社辞退等が生じた場合：
　　　本契約のとおり甲は乙に対して手数料の全額を支払うものとする。
　　　ただし，前受金は経費を精算の上，乙から甲に対して請求若しくは
　　　返金するものとする。

（その他）

8.　本契約に定められていない事態が発生した場合又は疑義が生じた場合
　は，甲・乙双方円満に協議し事件解決に努めるものとする。

　　以上の内容を甲・乙双方十分理解した証として本書2通を作成し，双方
　記名・押印の上，各自1通ずつ所持するものとする。

　　20××年×月×日

　　　　　　　　　　〒161−0033　東京都新宿区下落合○丁目○番○号
　　　　　　　　　　　　　　　　　　　　　　　　　　　税経ビル
　　委任者(甲)　　　　　　　株式会社ゼイケイテクノロジー
　　　　　　　　　　代表取締役　税　務　太　郎　｜印｜

　　　　　　　　　　〒102−0083　東京都千代田区麹町3−2−1
　　　　　　　　　　　　　　　　　　エキスパートビル321号
　　受任者(乙)　　　　　　　竹之内行政書士事務所
　　　　　　　　　　行政書士　　竹之内　豊　｜印｜

実務直結資料8〜「委任状」（P122「Ⅳ-1-2⑶⑦ロ」）

⑴　相続手続業務（遺産分割）に関する委任状

① 「固定資産税評価証明書」の請求・受領

委　任　状

事　務　所　東京都千代田区麹町3-2-1　エキスパートビル321号

住　　　所　東京都□□市□丁目□番地の□

電　　　話　03-1234-1122

職業・氏名　行政書士　竹之内　豊（登録番号：第010□□□□号）

上記の者に次の権限を委任します。

　下記の被相続人　税務一郎（昭和○年○月○日生，令和△年△月△日死亡）所有の不動産の令和○年度「固定資産評価証明書」並びに「各寄帳」（「土地」及び「家屋」）の請求及び受領。

記

1．土地　　所在：○○市○○1丁目1111番1

2．家屋　　家屋番号：○○市○○1丁目1111番地1の222

3．上記の他，○○市に委任者所有の土地・建物がある場合は，その不動産についても請求及び受領する権限

4．請求通数：該当する土地・家屋につき各1通

5．使用目的：遺産分割の手続

以上

年　　月　　日

住所　　東京都新宿区下落合○丁目○番○号

　　　　税経マンション113号

委任者　　電話　＿＿＿＿（　　　　　）＿＿＿＿

ふりがな

氏名　被相続人の長男　　　　　　　印

（生年月日：昭和　　年　　月　　日）

② 包 括 委 任

委 任 状

事 務 所　東京都千代田区麹町3－2－1 エキスパートビル321号

住　　　所　東京都□□市□丁目□番地の□

電　　　話　03－1234－1122

職業・氏名　行政書士 竹之内　豊（登録番号：第010□□□□号）

上記の者に，次の権限を委任いたします。

被相続人　税務一郎（最後の住所：○○県○○市○○町1丁目1番1号111・最後の本籍：○○県○○市○○町1丁目1番地，昭和○年○月○日生，令和△年△月△日死亡）の相続による遺産分割及び相続手続に必要な一切の権限及び行為

年　　　月　　　日

　　　　　　　住所　東京都新宿区下落合○丁目○番○号

　　　　　　　　　　税経マンション113号

委任者　電話　　　　　　（　　　　　）

　　　　氏名　被相続人の長男　　　　　　　㊞

　　　　　（生年月日：昭和　　年　月　日）

③ 銀 行 手 続

委 任 状

事 務 所　東京都千代田区麹町3−2−1 エキスパートビル321号

住　　　所　東京都□□市□丁目□番地の□

電　　　話　03−1234−1122

職業・氏名　行政書士 竹之内　豊（登録番号：第010□□□□号）

　　　上記の者に，次の権限を委任いたします。

　被相続人　税務一郎（最後の住所：○○県○○市○○町1丁目1番1号111・最後の本籍：○○県○○市○○町1丁目1番地，昭和○年○月○日生，令和△年△月△日死亡）の死亡により発生した相続による，被相続人名義の税経銀行に預託している一切の預金等に関する残高証明書の請求・受領，名義変更，払戻し，解約及び当該預金等の元利金等の受領，並びに税経銀行に提出する一切の書類の作成・提出・受領等，以上遺産分割に必要な一切の権限及び行為

　　　年　　　月　　　日

　　　　　　　　住所　　東京都新宿区下落合○丁目○番○号

　　　　　　　　　　　　税経マンション113号

　　　委任者　電話 ＿＿＿＿＿＿（　　　　　）＿＿＿＿

　　　　　　　氏名　被相続人の長男 ＿＿＿＿＿＿＿＿　㊞

　　　　　　　　　（生年月日：昭和　　年　　月　　日）

⑵　**遺言執行業務に関する委任状**

①　包　括　委　任

委　任　状

事　務　所　　東京都千代田区麹町３－２－１　エキスパートビル321号

住　　　所　　東京都□□市□丁目□番地の□

電　　　話　　03－1234－1122

職業・氏名　　行政書士　竹之内　豊　（登録番号：第010□□□□号）

上記の者に，次の権限を委任いたします。

被相続人　税務一郎（最後の住所：○○県○○市○○町1丁目1番1号111・最後の本籍：○○県○○市○○町1丁目1番地，昭和○年○月○日生，令和△年△月△日死亡）の相続による公正証書遺言（令和○年○月○日東京法務局所属公証人○○○○作成　同年第○○○号遺言公正証書）に基づく，遺言の内容を実現するため，相続財産の管理その他遺言の執行に必要な一切の行為をする権利義務及び行為

年　　　月　　　日

住所　　東京都新宿区下落合○丁目○番○号

税経マンション113号

委任者　電話　　　　　　　（　　　　　　）

氏名　ふりがな　遺言執行者　　　　　　　　　　㊞

（生年月日：昭和　　年　　月　　日）

② 銀行手続

委任状

事　務　所　東京都千代田区麹町３−２−１ エキスパートビル321号

住　　　所　東京都□□市□丁目□番地の□

電　　　話　03−1234−1122

職業・氏名　行政書士 竹之内　豊（登録番号：第010□□□□号）

上記の者に，次の権限を委任いたします。

被相続人　税務一郎（最後の住所：○○県○○市○○町１丁目１番１号111・最後の本籍：○○県○○市○○町1丁目1番地，昭和○年○月○日生，令和△年△月△日死亡）の死亡により発生した相続による，被相続人名義の税経銀行に預託している一切の預金等に関する残高証明書の請求・受領，名義変更，払戻し，解約及び当該預金等の元利金等の受領，並びに税経銀行に提出する一切の書類の作成・提出・受領等，以上公正証書遺言（令和○年○月○日東京法務局所属公証人○○○○作成　同年第○○○号遺言公正証書）に基づく，遺言の内容を実現するために必要な一切の権利義務及び行為

　　年　　　月　　　日

　　　　　　　住所　　東京都新宿区下落合○丁目○番○号

　　　　　　　　　　　税経マンション113号

　　　委任者　電話　＿＿＿＿＿＿（　　　　　）＿＿＿＿＿

　　　　　　　氏名　遺言執行者＿＿＿＿＿＿＿＿　㊞

　　　　　　　（生年月日：昭和　　年　　月　　日）

(3)　行政手続業務に関する委任状

① 「登記されていないことの証明書」の請求・受領

委　任　状

事　務　所　東京都千代田区麹町３－２－１　エキスパートビル321号

住　　　所　東京都□□市□丁目□番地の□

電　　　話　03－1234－1122

職業・氏名　行政書士　竹之内　豊（登録番号：第010□□□□号）

上記の者に，下記の権限を委任いたします。

記

1. 『登記されていないことの証明書』の申請及び受領。

2. 請求通数：１通

3. 申請事由：「風俗営業許可申請」のため。

4. 提出先：東京都公安委員会

以上

　　年　　　月　　　日

　　　　　住所　＿＿＿＿＿＿＿＿＿＿＿＿＿＿＿

　　　　　　　　＿＿＿＿＿＿＿＿＿＿＿＿＿＿＿

　　委任者　本籍　＿＿＿＿＿＿＿＿＿＿＿＿＿＿＿

　　　　　ふりがな
　　　　　氏名　＿＿＿＿＿＿＿＿＿＿＿＿＿　㊞

　　　　　（生年月日：　　年　　　月　　　日）

---

② 「身分証明書」の請求・受領

委 任 状

事　務　所　東京都千代田区麹町３－２－１ エキスパートビル321号

住　　　　所　東京都□□市□丁目□番地の□

電　　　　話　03－1234－1122

職業・氏名　行政書士 竹之内　豊（登録番号：第010□□□□号）

　　　上記の者に，下記の権限を委任いたします。

記

1. 『身分証明書』の申請及び受領。

2. 請求通数：1通

3. 申請事由：「建設業許可申請」のため。

4. 提出先：東京都都市整備局

以上

　　　年　　月　　日

住所　＿＿＿＿＿＿＿＿＿＿＿＿＿

＿＿＿＿＿＿＿＿＿＿＿＿＿

委任者　本籍　＿＿＿＿＿＿＿＿＿＿＿＿＿

ふりがな
氏名　＿＿＿＿＿＿＿＿＿＿＿　㊞

（生年月日：　　年　　月　　日）

実務直結資料９〜「表紙」（P131「ここが実務のポイント❷❸」）

「在留資格認定証明書交付申請書」提出書類一覧

《申請人》

国　　籍　ベトナム　（男性）

氏　　名　○○○　○○○

生年月日　19××年×月×日生

□返信用封筒（434円分切手貼付）

１．在留資格認定証明書交付申請書

２．前年分の職員の給与所得の源泉徴収票等の法定調書合計表
　　（受付印のあるものの写し）

３．申請人の活動の内容等を明らかにする資料
　(1)　申請理由書
　(2)　職務内容説明書
　(3)　雇用契約書（写し）

４．申請人の学歴・能力及び職歴その他経歴等を証明する文書
　(1)　身分を証明する資料
　　①　履歴書　◎訳文付
　　②　パスポート（写し）
　　③　出生届（写し）◎訳文付
　　④　戸籍簿（写し）◎訳文付
　　⑤　身分証明書（写し）◎訳文付
　(2)　学歴（大学卒）・能力を証明する文書

① 卒業証明書（写し）◎訳文付

② 成績証明書（写し）◎訳文付

③ 卒業論文の概要◎訳文付

④ 日本語能力認定書・Ｎ４（写し）

５．招へい機関の概要を明らかにする資料

(1) 履歴事項全部証明書

(2) 会社概要（パンフレット）

(3) 直近の決算文書の写し

以上

20××年×月×日

【申請取次者】

〒102－0083　東京都千代田区麹町３－２－１

エキスパートビル321号

電話　03－1234－1122

竹之内行政書士事務所

行政書士　竹之内　豊

登録番号：行－130000000000

実務直結資料10〜遺言・相続セミナーのレジュメ（P160「V-1-1⑶」）

　このレジュメは，筆者が大手生命保険会社主宰の顧客向けセミナーで実際に使用したものである。セミナーを開催するときの参考にして頂きたい。

そうか！遺言書にはこんな力が！

「納得の相続」を実現する遺言書の活用術

20××年×月×日

講師　行政書士　竹　内　　豊

はじめに

　「納得の相続」とは，自分が生前に決めたことを，死後に確実に実現することをいいます。

　「納得の相続」を実現するために，法は「遺言」を用意しています。ただし，法に則った遺言を残すことが条件となります。このセミナーでは，法的に正しい遺言を残すための法知識をお伝えした上で，内容を確実に実現するための「技」を公開します。

本セミナーの概要

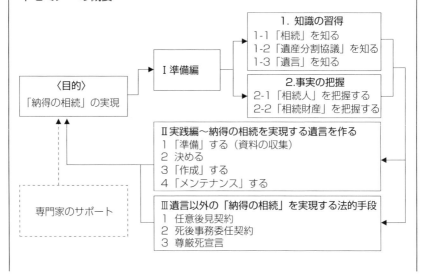

《目　次》

Ⅰ準備編

1．知識の習得

1-1.「相続」を知る

(1)　相続とは何か

(2)　相続の開始原因

(3)　相続が始まると何が起きるのか

(4)　「だれ」が相続するのか（相続人）

　　【図表1】◆相続人の種類と順位

(5)　「何を」相続するのか（相続財産）

(6)　「どれだけ」相続するのか（相続分）

　　【図表2】◆法定相続人の一覧

(7)　相続の選択

　　【図表3】◆3つの選択の比較

1-2.「遺産分割」を知る

(1)　遺産分割とは（遺産分割の意義・基準）

(2)　遺産分割自由の原則

(3)　遺産分割協議の当事者

(4)　遺産分割の対象財産

(5)　遺産分割の方法

　　【図表4】◆遺産分割の4つの方法

(6)　遺産分割の時期

(7)　遺産分割の流れ

(8)　遺産分割の方法（協議の場合）

(9)　遺産分割協議の成立が困難になるケース

　　【図表5】◆遺産分割協議の成立が困難になる原因と具体例

(10)　遺産分割協議を上手にまとめる秘訣

1-3.「遺言」を知る

(1)　人と財産に関すること

(2)　遺言執行者

(3)　「逆縁」対策

(4)　「付言」の内容

3.「作成」する

4.「メンテナンス」する

(1)　保管方法

　　①自筆証書遺言

　　②公正証書遺言

(2)　更新（見直し）

(3)　モデルチェンジ

Ⅲ遺言以外の「納得の相続」を実現する法的手段

1.　任意後見契約

2.　死後事務委任契約

3.　尊厳死宣言

　【column 3】専門家の失敗しない選び方のポイント

以上

Ⅰ 準備編～納得の相続を実現するために必要な準備

　納得の相続を実現するために，「知識」を習得して「事実」を把握する。

1．知識の習得

1-1．「相続」を知る

⑴　相続とは何か

　相続とは，財産の無主物化を回避するために，死亡した人（被相続人）の財産を，だれかに帰属させるための制度である。

⑵　相続の開始原因

　相続は人の死亡を原因として開始する（民法882）。

> **民法882条（相続開始の原因）**
> 相続は，死亡によって開始する。

⑶　相続が始まると何が起きるのか

　被相続人が死亡すれば，その瞬間に相続人について相続が開始し，相続人による遺産の**共有**(注1)が始まる扱いとなる。相続人が被相続人の死亡の事実を知っているか否か，死亡届を出したか否かなどを問わない。財産の無主物化を回避するためである。

　（注1）共有

　　　　数人が1つの物を所有している状態のことをいう。財産が共有になると権利関係が複雑になる。たとえば，共有の不動産を売却するには共有者全員の合意が求められる。

⑷　「だれ」が相続するのか（相続人）

　法律は，原則として被相続人と一定の親族関係にあった者に，被相続人の財産を帰属させる制度を採用している。このように法律によって承継者とされる者を**相続人**という。

　法律が定める相続人の種類は2つある。1つは**血族**で，これには順位がついている。先順位の者がいれば，後順位の者は相続人にならない。もう

1つは**配偶者**である。配偶者は常に相続人になる。

【図表1】◆相続人の種類と順位

第1順位：被相続人の子（もしくはその**代襲相続人**(注2)である直系卑属（民887
　　　①））
第2順位：被相続人の直系尊属（民889①一）
第3順位：被相続人の兄弟姉妹（民889①二）
※配偶者は常に相続人になる
※血族相続人の内，子および尊属については，実子・養子，実親・養親の区別は
　ない。したがって，普通養子の場合には，子には実父母と養父母の双方の相続
　権がある。

（注2）代襲相続

　　　　代襲相続とは，被相続人の死亡以前に，相続人となるべき子や兄弟姉妹の
　　　死亡，相続欠格（民891）や相続廃除（民892）を理由に相続権を失ったとき，
　　　その者の直系卑属がその者に代わって，その者の受けるべき相続分を相続す
　　　ることを意味する。
　　　　代襲相続人となるのは，具体的には被相続人の「子の子（孫）」または
　　　「兄弟姉妹の子（甥・姪）」である。なお，子には再代襲があるが（民887③），
　　　兄弟姉妹には再代襲は認められない（民889②）。

(5)　「何を」相続するのか（相続財産）

①相続財産の範囲

　相続が開始すると，被相続人の財産に属した一切の権利義務は，例外を
除き，すべて相続人が承継する（民896）。

民法896条（相続の一般的効力）

相続人は，相続開始の時から，被相続人の財産に属した一切の権利義
務を承継する。ただし，被相続人の一身に専属したものは，この限り
でない。

②相続財産に属さない財産・権利

　イ）一身専属権

　被相続人の一身に専属したものは，相続財産に承継されない（民896た
だし書）。

　　一身専属権とは，個人の人格・才能や個人としての法的地位と密接不可分の関係にあるために，他人による権利行使・義務の履行を認めるのが不適当な権利義務をいう。具体的には次のようなものがある。

> ・雇用契約による労働債務
> ・特定のデザイナーによる製作や芸術作品を作る債務
> ・民法上の権利義務（扶養請求権・婚姻費用分担請求権，親権など）
> ・社会保障法上の権利（生活保護受給権，年金受給権，公営住宅の使用権）

　ロ）祭祀財産

　　祖先の祭祀のための財産，たとえば，系譜（家系図など），祭具（位牌・仏壇仏具・神棚・十字架など），墳墓（敷地としての墓地を含む）については，相続とは別のルールで承継される（香典は遺族への贈与であり，相続財産には含まれない）。

　　すなわち，祖先の祭祀を主宰すべき者が承継するが，祭祀主宰者は，①被相続人の指定，②指定がない場合には，慣習，③慣習が明らかでない場合には，家庭裁判所の審判で決まる（民897）。

　ハ）被相続人の死亡によって生じる権利で，被相続人に属さない権利

> ・生命保険金（相続税法上は相続税の課税の対象となる）
> ・死亡退職金（　　　　　　　　同　　上　　　　　　　　）
> ・遺族年金

⑹　「どれだけ」相続するのか（相続分）
①法定相続分の原則

　相続分とは，共同相続において，各相続人が相続すべき権利義務の割合，つまり積極財産・消極財産を含む相続財産全体に対する各相続人の持分をいう。1／2とか1／3というような抽象的な割合で示される。被相続人は，遺言によって相続分を定めることができるが（民902），この指定がないと

きに，民法の相続分（民900・法定相続分）の規定が適用される。

法定相続分は，共同相続人の種類によって次のように異なる。

【図表2】◆法定相続人の一覧

	共同相続人の種類	配偶者	子	直系尊属	兄弟姉妹
①	配偶者と子	1/2	1/2		
②	配偶者と直径尊属	2/3		1/3	
③	配偶者と兄弟姉妹	3/4			1/4

※同順位の共同相続人が複数いる場合には，各共同相続人の相続分は原則として均等になる（民900四）。

②法定相続分の意義

法定相続分は一応の割合にしかすぎない。 被相続人から相続人が生前贈与や遺言による贈与（遺贈）を受けていたり（「特別受益」民903），相続人が被相続人の財産形成に多大な寄与をしていた場合には，こうした事情を考慮しながら，**具体的な相続分**が算出され（民903・「寄与分」904の2），これを基礎に遺産分割がなされ，最終的に各相続人が取得する相続財産が確定する。

したがって，正確にいえば，共同相続において，各相続人が相続すべき相続財産全体に対する各相続人の持分は，このような**「具体的な相続分」**である。

しかし，被相続人や相続人の債権者・債務者など第三者にとっては，だれがどのような贈与・遺贈を受けていたか，財産形成に寄与したかは不明であり，具体的相続分を計算することができない。共同相続人自身も，お互いにそれらの事実を知らない場合もある。**具体的相続分の算定は，実際には遺産分割においてなされる。** 遺産分割には期間の制限がないため，被相続人死亡から十数年も放置されることもある。それまで，第三者の権利行使や権利義務を止めることはできない。

そこで法定相続分が基準として次のような場合に活用される。

・被相続人の債権者が相続債権につき共同相続人に対して弁済を請求

する場合

・相続人の債権者が共同相続人に代位して相続登記をして（不登法59
　七），当該相続人の相続分につき差押えをする場合

・共同相続人の１人が債務者に対して弁済を請求する場合

・共同相続人が遺産分割までの間，相続財産を管理する場合

(7)　相続の選択

①相続選択の自由

　被相続人の権利義務は，相続開始と同時に相続人に承継されるが，借金
などの債務も含まれるし，被相続人の生き方への反発から，いくら財産が
あっても，相続人が遺産を承継することを望まない場合もありうる。

　そこで民法は，一方で，相続開始により被相続人の財産は包括的に相続
人に承継されるとしながら（民法896），他方で，相続財産を負債も含めて
全面的に承継するのか（**単純承認**），逆に財産の承継を全面的に拒否するの
か（**相続放棄**），それとも相続した資産の範囲内で債務などの責任を負うの
か（**限定承認**），いずれかを選択できるようにして，相続について選択の自
由を保障している。

【図表３】◆３つの選択の比較

	選択肢	意義・効果	手続き
①	単純承認	相続人が，一身専属的な権利を除いて，被相続人の一切の権利義務を包括的に承継する（民920）。**被相続人に借金があれば，相続人は自己固有の財産で弁済しなければならない。**　**民920（単純承認の効力）**　相続人は，単純承認をしたときは，無限に被相続人の権利義務を承継する。	単純承認について，申述や届出などの方式は規定されていない。一定の事由がある場合に，当然に単純承認をしたものとみなされる（民921）。具体的には ①相続財産の全部または一部の処分 ②熟慮期間の経過（自己のために相続の開始があったことを知った時から３か月以内に限定承認や相続放棄をしない）

			③背信的行為（相続人が限定承認や放棄をした後で，相続財産の全部または一部を隠匿し，私にこれを消費し，または悪意でこれを財産目録に記載しない）
②	限定承認	相続した財産の範囲内で被相続人の債務を弁済し，余りがあれば，相続できるという合理的な制度。しかし，方式上の煩雑さと相続人全員で行うことという条件から，あまり利用されていない。 　限定承認者は相続財産・相続債務を承継するが，債務については，相続財産の限度で責任を負う。	①財産目録を作成して家庭裁判所に提出し，相続人全員が共同して限定承認をする旨を申述する（民923・924）。 ②限定承認者による相続財産の管理が開始する（民926）。相続財産管理人は，共同相続人の中から家庭裁判所が選任する（民936①）。以後，この管理人が相続財産に対する管理権と処分権を持ち，他の相続人を代表して清算手続を進める（同②）。 ③具体的な清算手続が開始する。
③	相続放棄	相続人が相続開始による包括承継の効果を全面的に拒否する意思表示である。 　放棄は家庭裁判所へ申述しなければならないので，これを避けるために，遺産分割協議書（特定の相続人がほとんどの遺産を取得し，他の相続人はわずかの財産を取得する）を用いて相続登記などの手続を済ませてしまう，「事実上の相続放棄」も多い。 　放棄の効果は，その相続に関しては**初めから相続人にならなかったものとして扱われる（民939）。**したがって**代襲相続原因にならない。** **民939（相続の放棄の効力）** 相続の放棄をした者は，その相続に関しては，初めから相続人とならなかったものとみなす。	放棄する相続人は，自己のために相続が開始したことを知ったときから3か月以内にその旨の申述をしなければならない（民938）。 **民938（相続の放棄の方式）** 相続の放棄をしようとする者は，その旨を家庭裁判所に申述しなければならない。

②熟慮期間

　相続の選択をするためには，相続人が相続財産の状況を調査して損得を考える期間（熟慮期間）が必要である。民法はこの熟慮期間について，「自己のために相続の開始があったことを知った時」から３か月と定めている（民915）。

> ### 民915（相続の承認又は放棄をすべき期間）
> ①相続人は，自己のために相続の開始があったことを知った時から，３か月以内に，相続について，単純若しくは限定の承認又は放棄をしなければならない。ただし，この期間は，利害関係人又は検察官の請求によって，家庭裁判所において伸長することができる。
> ②相続人は，相続の承認又は放棄をする前に，相続財産の調査をすることができる。

1-2.「遺産分割」を知る

⑴　遺産分割とは（遺産分割の意義・基準）

　遺産分割は，共同相続における遺産の**共有関係を解消**し，遺産を構成する個々の財産を各相続人に分配して，それらを各相続人の**単独所有に還元**するものである（複数の特定の相続人の共有とすることもある）。

　民法は，遺産の分割は，「遺産に属する物又は権利の種類及び性質，各相続人の年齢，職業，心身の状態及び生活の状況その他一切の事情を考慮して」行わなければならないとしている（**「遺産分割の基準」民906**）。

> ### 民906（遺産分割の基準）
> 遺産の分割は，遺産に属する物又は権利の種類及び性質，各相続人の年齢，職業，心身の状態及び生活の状況その他一切の事情を考慮してこれをする。

　たとえば，年少・高齢や病気・障がいのために生活が困難な者への配慮，住居確保の必要性，農業・自営業の継続などが考慮される。

　遺産分割は，当事者がこうした諸事情や家族関係を配慮しながら，協議

で行うという，合意による解決を優先する仕組みとなっており，協議が調わないときに，家庭裁判所の調停および審判で行われる（民907）。**通常裁判所が判決手続で判定すべきものではない。**

民907（遺産の分割の協議又は審判等）

①共同相続人は，次条（民908）第１項の規定により被相続人が遺言で禁じた場合又は同条第２項の規定により分割をしない旨の契約をした場合を除き，いつでも，その協議で，遺産の全部又は一部の分割をすることができる。

②遺産の分割について，共同相続人間に協議が調わないとき，又は協議をすることができないときは，各共同相続人は，その全部又は一部の分割を家庭裁判所に請求することができる。ただし，遺産の一部を分割することにより他の共同相続人の利益を害するおそれがある場合におけるその一部の分割については，この限りでない。

民908（遺産の分割の方法の指定及び遺産の分割の禁止）

被相続人は，遺言で，遺産の分割の方法を定め，若しくはこれを定めることを第三者に委託し，又は相続開始の時から５年を超えない期間を定めて，遺産の分割を禁ずることができる。

---

(2)　遺産分割自由の原則

遺産分割の当事者全員の合意があれば，法定相続分，指定相続分や具体的相続分に合致しない分割，被相続人の指定する遺産分割方法に反する分割も，有効である。この限りでは，**法律や遺言者の意思よりも，協議が優先する。**

(3)　遺産分割協議の当事者

共同相続人全員である。**共同相続人の１人でも欠いた分割協議は無効である。**

(4)　遺産分割の対象財産

　遺産分割の対象となるのは，相続財産である。そのほか，相続財産から生じた果実（不動産の賃料，預貯金の利子，株式の配当等）や，相続財産の代償財産（家屋が焼失して支払われた火災保険金・損害賠償請求権，不動産を相続人全員の合意で売却し代金を貯金した場合など）も対象となる。

(5)　遺産分割の方法

　遺産分割の方法は，次の4つがある。個々の相続の状況に応じて方法を選択して遺産分割を行う。

【図表4】◆遺産分割の4つの方法

	遺産分割の方法	内　　容
①	現物分割	現物をそのまま配分する方法
②	換価分割	遺産の中の個々の財産を売却し，その代金を配分する方法
③	代償分割	現物を特定の者が取得し，取得者は他の相続人にその具体的相続分に応じた金銭を支払う方法。 代償分割をするときには，現物を取得する相続人にその支払い能力があることが必要である。
④	共　　　有	上記①～④が困難な状況にあるときに選択する。

(6)　遺産分割の時期

　各相続人は，被相続人が遺言で遺産分割を禁止していない限り（民908），いつでも分割を請求することができる（民907①）。

(7)　遺産分割の流れ

　遺産分割は，協議，調停（協議が調わない場合），審判（調停が不成立の場合），それぞれの段階で，「だれが」（相続人の範囲），「何を」（遺産の範囲），「どのような割合で」（法定相続分を修正して算出した具体的相続分），「どのように」分けるか（分割方法）という手順により進行する。

(8)　遺産分割の方法（協議の場合）

　相続人全員で合意した内容を書面（「遺産分割協議書」）にする。協議成立の証として，相続人全員が遺産分割協議書に署名・押印（実印で押印して「印鑑登録証明書」を添付する）。

　金融機関の払戻し・名義変更の請求，法務局への不動産の所有者変更登記は，「遺産分割協議書」を基に行う。

(9)　遺産分割協議の成立が困難になるケース

　遺産分割の成立要件は，相続人全員が参加して，全員が合意することである（「相続人全員参加・全員合意の原則」）。したがって，「全員参加」「全員合意」が困難な状況が，すなわち遺産分割協議の成立が困難になるケースである。具体的には次のようなケースが挙げられる。

【図表5】◆遺産分割協議の成立が困難になる原因と具体例

	原　因	具　体　例
①	相続人の状況	(イ)　行方不明者がいる (ロ)　意思能力が低い者がいる（認知症等） (ハ)　未成年者がいる (ニ)　連絡が着きにくい者がいる（海外在住等）
②	被相続人の離婚・再婚	(イ)　前婚の時と再婚後にもうけた子（交流がない） (ロ)　前婚でもうけた子と再婚相手（血縁関係がない）
③	法定相続分を基準に分割すると不公平感が生じる	(イ)　「寄与分」（民904の2①・②）に関すること 　(a)　被相続人の事業に関する労務の提供または財産上の給付（資金援助など）をした相続人がいる 　(b)　被相続人を療養看護した相続人がいる (ロ)　特別の寄与（民1050）に関すること 　被相続人に対して無償で療養看護その他の労務を提供したことにより，被相続人の財産の維持または増加につき特別の寄与をした被相続人の親族（＝特別寄与者）がいる場合 ─────────────── (ロ)　「特別受益」（民903①）に関すること 　(a)　被相続人から贈与を受けた相続人がいる

		(b)	被相続人から婚姻・縁組のため持参金や支度金を得た相続人がいる
		(c)	被相続人から生計の資本として独立資金，居宅や土地の贈与を受けた相続人がいる
④	遺産が原因	(イ)	分割しにくい物（不動産等）が遺産の割合の大半を占める
		(ロ)	評価しにくい物（絵画・宝飾品等）がある
		(ハ)	被相続人の所有していた不動産に相続人が居住している（二世帯住宅）

⑽　遺産分割協議を上手にまとめる秘訣

　遺産分割協議は「お金」にまつわる話し合いである。また，「感情」も加わってくる。したがってちょっとしたことで決裂してしまうおそれがある。

　そうならないためには，お互いが「正しい知識」を習得した上で話し合うことが大切である。また，遺産を「情報公開」して「まだ遺産があるのではないか」という疑心暗鬼を払拭する必要がある。

1-3.「遺言」を知る

⑴　遺言とは何か

　遺言は人の最終の意思表示について，その者の死後に効力を生じさせる制度である。

> **民985（遺言の効力の発生時期）**
> ①遺言は，遺言者の死亡の時からその効力を生ずる。

　このように，**遺言は，遺言者の死後，効力を生じる**から，遺言作成時に遺言者に判断能力があったのか，真意はなんだったのか，本人に確かめる術がない。そのため，民法は次のようなハードルを設けて，遺言者の真意を確保しようとする。

⑵　遺言能力

　遺言内容を理解し，遺言の結果を弁識（物事の本質をはっきりと見極める

こと）しうるに足りる意思能力（その行為につき通常人なみの理解および選択能力）を**遺言能力**という。

　民法は，15歳以上になれば遺言能力があるものと定め（民961），遺言能力は遺言作成時に備わっていなければならないとした（民963）。したがって15歳になっても，上記の意思能力がない場合は，遺言能力はなく，その遺言は無効となる。

　なお，**裁判で遺言能力が争われる事案のほとんどは，判断能力が低下した高齢者の遺言**であり，周囲の一部の者が高齢者の財産を得ようとする思惑から遺言者を遺言に導いていたり，遺言によって不利益を受ける相続人が遺言の効力を争うものである。

> **民961（遺言能力）**
> 15歳に達した者は，遺言をすることができる。
> **民963（遺言能力）**
> 遺言者は，遺言をする時においてその能力を有していなければならない。

(3)　遺言事項

　遺言できる事項は法律で定められている。おもな遺言事項は次のとおりである。

> ①推定相続人の廃除（民893）およびその取消（民894②）
> ②相続分の指定（民902）
> ③遺産分割方法の指定（民908）
> ④遺贈（遺言による贈与）（民964）
> ⑤遺言による認知（民781②）
> ⑥遺言執行者の指定（民1006①）
> ⑦祭祀主宰者の指定（民897）　など

　これ以外のこと，たとえば，葬式の方法，婚姻や縁組の指定，家族間の

介護や扶養の方法などを遺言で定めても，法的な効力は生じない。それら
を実行する・しないは，相続人の自発性に委ねられる。

(4)　遺言の方式

　遺言には，自筆証書，公正証書，秘密証書による一定の方式が課され，
方式に違反した遺言は無効である（民967）。よく利用されるのは，次に
紹介する自筆証書遺言または公正証書遺言の２種類の遺言である。

> **民967（普通の方式による遺言の種類）**
> 遺言は，自筆証書，公正証書又は秘密証書によってしなければならない。ただし，特別の方式によることを許す場合は，この限りでない。

①　自筆証書遺言

　イ）方式：a）遺言者が，その全文，日付および氏名を自書し，これに
　　　　　　　印を押さなければならない（民968①）。

　　　　　　b）自筆証書遺言に添付する財産目録については自書でなく
　　　　　　てもよいものとする。ただし，**財産目録の各頁に署名押印す
　　　　　　ることを要する**（民968②）。

　ロ）長所：自筆できる人であれば，だれでも遺言者単独で作成できるの
　　　　　　で，簡便で費用もかからない。

　ハ）短所：a）遺言書を管理する者が定められていないため，遺言者の
　　　　　　　死後における偽造・変造や隠匿・破棄などのおそれがあ
　　　　　　　る。

　　　　　　b）遺言者に法律知識がない場合には，内容が不明であった
　　　　　　　り，方式上の要件違反をしやすく，遺言の効力をめぐっ
　　　　　　　て紛争が生じることがある。

> **民968（自筆証書遺言）**
> ①自筆証書によって遺言をするには，遺言者が，その全文，日付及び氏名を自書し，これに印を押さなければならない。

②前項の規定にかかわらず，自筆証書にこれと一体のものとして相続
　財産の全部又は一部の目録を添付する場合には，その目録について
　は，自筆することを要しない。この場合において，遺言者は，その
　目録の毎葉（自書によらない記載がその両面にある場合にあっては，
　その両面）に署名し，印を押さなければならない。

③自筆証書（前項の目録を含む）中の加除その他の変更は，遺言者
　が，その場所を指示し，これを変更した旨を付記して特にこれに署
　名し，かつ，その変更の場所に印を押さなければ，その効力を生じ
　ない。

　さらに，遺言執行をするためには，**検認**（注3）をしなければならない
ので，遺言者の死後に速やかな遺言執行が期待できない。

（注3）　検認
　　　　遺言書の保管者あるいはそれを発見した相続人は，相続開始後遅滞なく，
　　　相続開始地の家庭裁判所に検認の申立てをしなければならない（民1004①）。

　検認を行うには，検認申立書とともに，遺言者・相続人全員そして申立
人の戸籍謄本や除籍謄本をあわせて家庭裁判所に提出する。その後概ね1
か月後に検認期日が指定され，この日に遺言書原本を提出することになる。

　なお，検認は，遺言の方式に関する一切の事実を調査して遺言書の状態
を確定しその現状を明確にするものであって，**遺言書の法的に有効か無効
か等の実態効果を判断するものではない。**

　検認は，遺言書の現状を確認し，証拠を保全する手続だから，偽造・変
造のおそれがない**公正証書遺言は検認不要である（民1004②）。**

　なお，**検認を経なければ金融機関や法務局に対して相続預貯金の払戻し，
相続登記等の遺言執行を行うことができない。**

民1004（遺言書の検認）

①遺言書の保管者は，相続の開始を知った後，遅滞なく，これを家庭

> 裁判所に提出して，その検認を請求しなければならない。遺言書の
> 保管者がない場合において，相続人が遺言書を発見した後も，同様
> とする。
> ②前項の規定は，公正証書による遺言については，適用しない。
> ③封印のある遺言書は，家庭裁判所において相続人又はその代理人の
> 立会いがなければ，開封することができない。

　ニ）遺言書の保管制度

　　　2018年7月相続法改正に合わせて，法務局における遺言書の保管等
　　に関する法律（遺言書保管法）が成立した（施行は2020年7月10日）。こ
　　の法律によって，自筆証書遺言を遺言書保管所（法務大臣が指定する
　　法務局）に保管することができるようになった。

　　　この制度を利用することにより，偽造変造のおそれがなくなるので，
　　家庭裁判所による遺言書の検認は不要となる。

②　公正証書遺言

　イ）方式：遺言者が**公証役場**(注4)に行くか，**公証人**(注5)に出張を求め
　　　　　　て，公証人に作成してもらう遺言である。

　ロ）作成手続：①証人(注6)2人以上の立会いの下に，②遺言者が遺言
　　　　　　　　の趣旨を口授（口頭で伝えること）する。③公証人が遺言者
　　　　　　　　の口述を筆記し，これを遺言者および証人に読み聞かせ，
　　　　　　　　または閲覧させる。④遺言者および証人が，筆記の正確な
　　　　　　　　ことを承認した後，各自これに署名し，印を押す（ただし，
　　　　　　　　遺言者が署名できない場合は，公証人がその事由を付記して，署
　　　　　　　　名に代えることができる）。⑤公証人が，民法所定の方式に
　　　　　　　　従って作成したものであることを付記し，これに署名し印
　　　　　　　　を押す（民969）。

　ハ）長所：a）遺言書の原本（遺言者，証人，公証人が署名・押印したもの）
　　　　　　　　は公証役場に保管されるので（概ね遺言者が120歳に達する

【図表6】◆公正証書遺言の作成場面

公証人

証人2名

遺言者

※　公正証書遺言の作成現場のイメージ

まで），偽造・変造や隠匿・破棄などのおそれがない（遺言者には「正本」と「謄本」が交付される）。

　b）法律専門家が関与するので，遺言の効力をめぐる紛争が生じるおそれが少ない（遺言能力をめぐる争いは見受けられる）。

　c）**検認を経ることなく遺言を執行できる**ので（民1004②），速やかに遺言の内容を実現できる

ニ）短所：a）費用がかかる

　　　　　b）作成に手間がかかる

（注4）　公証役場

　公証人が執務するところで全国に約300か所ある。それぞれの役場の名称については，地名の後に「公証役場」「公証人役場」というものが多いが，

「公証人合同役場」「公証センター」などというものもある。
（注5）　公証人
公証人は，法律実務家の中から，法務大臣が任命する公務員で，公証役場で執務している。その多くは，元検察官・元裁判官である。
（注6）　証人
証人には資格は必要ないが，欠格者が定められている（民974）。未成年者，推定相続人・受遺者およびその配偶者・直系血族は証人になれない。

(5)　共同遺言の禁止

2人以上の者が同一の証書で遺言をすることはできない（民975）。

2人以上の者が同一の証書で遺言書を作成するといった「共同遺言」は，各遺言者の意思表示の自由を妨げること，その内の1人の撤回の自由を制限すること，一部の無効原因があった場合の処理など複雑な法律関係が発生し，解決が困難となる等の理由で禁止されている。したがって，どんなに仲の良い夫婦でも，遺言は別々の用紙に作らなければならない。

> **民975（共同遺言の禁止）**
> 遺言は，2人以上の者が同一の証書ですることができない。

(6)　遺言撤回の自由

遺言者は，生前，いつでも自由に遺言を撤回することができる（民1022）。遺言を作成しても，遺言者生存中は遺言の効力が生じていないのだから（民985①），遺言者の気が変わったときには，それを尊重するのである。

> **民1022（遺言の撤回）**
> 遺言者は，いつでも，遺言の方式に従って，その遺言の全部又は一部を撤回することができる。

撤回は，遺言の方式に従ってなされることもあれば，前の遺言と後の遺言の内容が抵触したり，遺言と遺言書作成後の生前処分とが抵触したりすると，抵触する部分について，遺言は撤回したものとみなされる。たとえ

ば，Aが「Bに甲土地を与える」という遺言を作成した後で，「Cに甲土地を与える」という遺言書を作成したり，生前に甲土地をCに売却したような場合である。

　なお，**遺言者死亡後に遺言が複数出てくると，遺言が相続人間の争いの種になることがある。**遺言を撤回するときは，作成した遺言を破棄して新たに作成する（自筆証書遺言が手元にある場合）か，遺言の冒頭に「遺言者は，本日以前に作成した遺言のすべてを撤回する」と明記して，新たに遺言を作成すること。

(7)　遺留分制度

①　遺留分制度

　遺留分制度とは，一定範囲の相続人に対して被相続人の財産の一定割合について相続権を保障する制度である。

　被相続人がこの割合を超えて生前贈与や遺贈をした場合には，これらの相続人は，減殺請求によって侵害された部分を取り戻すことができる。相続財産に属していた財産のうち，このような権利に支配されている部分を遺留分という。

　遺留分を有する相続人（遺留分権利者）は，①配偶者，②子，③直系尊属であり，**兄弟姉妹には遺留分はない**（民1042）。

　遺留分は，相続財産全体に対する割合として定められており，①相続人が配偶者のみ，配偶者と子，配偶者と直径尊属，子のみの場合には2分の1②相続人が直系尊属のみの場合には，3分の1である。この割合に各自の法定相続分をかけたものが，各自の遺留分になる。たとえば，相続人が配偶者A，子BCDであれば，Aの遺留分の割合は，$1/2 \times 1/2 = 1/4$，BCDはそれぞれ，$1/2 \times 1/2 \times 1/3 = 1/12$となる。

　2018年7月改正相続法は，遺留分侵害がある場合には，遺留分権利者は，

受遺者・受贈者に対して現物返還から侵害額相当の金銭の支払請求権（＝**遺留分侵害額請求権**）を有するという仕組みに変更した。

② **遺留分侵害額請求権の消滅時効**

遺留分減殺請求権は，遺留分権利者が，相続の開始および遺留分を侵害する贈与または遺贈があったことを知ってから，１年間行使しないときは，時効によって消滅し（民1048前段），相続開始から10年間経過したときにも消滅する（民1048後段）。

> **民1048（遺留分侵害額請求権の期間の制限）**
>
> 遺留分侵害額の請求権は，遺留分権利者が，相続の開始及び遺留分を侵害する贈与又は遺贈があったことを知った時から１年間行使しないときは，時効によって消滅する。相続開始の時から10年間を経過したときも，同様とする。

(8) **遺言執行**

遺言執行者が被相続人の死後に遺言内容を実現する手続（遺言の執行）を行う。**遺言者は，遺言で遺言執行者を指定することができる（民1006①）。**

遺言執行者は，遺言の内容を実現するため，相続財産の管理その他遺言の執行に必要な一切の行為をする権利義務を有する（民1012①）。なお，遺言執行者の欠格事由は，破産者と未成年者だけだから（民1009），遺言者は，遺言で受遺者を遺言執行者に指定することもできる。

> **民1006（遺言執行者の指定）**
>
> ①遺言者は，遺言で，１人又は数人の遺言執行者を指定し，又はその指定を第三者に委託することができる。
>
> **民1009（遺言執行者の欠格事由）**
>
> 未成年者及び破産者は，遺言執行者となることができない。
>
> **民1012（遺言執行者の権利義務）**
>
> ①遺言執行者は，遺言の内容を実現するため，相続財産の管理その他

> 遺言の執行に必要な一切の行為をする権利義務を有する。
> ②遺言執行者がある場合には，遺贈の履行は，遺言執行者のみが行う
> 　ことができる。

【Column 1】相続手続からみた遺言のメリット

　遺言があれば遺産分割協議をしないで遺産を承継することができる。したがって，速やかに相続手続をすることができる。

　相続手続は時間と手間がかかる。「自分の死後に，相続手続で配偶者や子どもたちに負担をかけたくない」という方にとって，遺言は有効な手段となる。

【Column 2】遺言の目的は「残すこと」でなく「内容を実現する」こと

　遺言を残しても内容が実現されなければ意味がない。遺言の効力は遺言者が死亡した時点から発生する。つまりその時遺言者はこの世に存在しない。

　「この世に存在しない者」（死者）の意思を実現するのが遺言書である。遺言には「自分がいなくても内容が実現できる」ための工夫が求められるのである。

2．事実の把握

　納得の相続を実現するには「事実」の把握が不可欠である。事実の把握とは「相続人」と「相続財産」の把握である。

2-1．相続人を把握する

　相続人を「生まれてから現在までの戸籍」で確認する。戸籍の収集には通常1か月程度かかる。収集した戸籍は遺言書の作成や相続開始後の相続手続に使用できる。

(1)　戸籍とは

戸籍は，人の出生から死亡に至るまでの親族関係を登録公証するもので，日本国民について編製され，日本国籍をも公証する唯一の制度である。

戸籍事務は，市区町村において処理されるが，全国統一的に適正かつ円滑に処理されるよう国（法務局長・地方法務局長）が助言・勧告・指示等を行っている。

(2)　戸籍の請求方法

①請求先

「本籍」のある市区町村

②請求方法

本籍のある市区町村の窓口に直接出向くか，もしくは郵送で請求する。

③請求することができる人・請求に必要なもの

次の一覧表のとおりである。

【図表7】◆請求することができる人・請求に必要なもの

	請求権者（請求ができる者）	請求に必要なもの
(1)	戸籍に記載されている本人，またはその配偶者（夫又は妻），その直径尊属（父母，祖父母等）もしくは直系卑属（子，孫等）	①窓口に来る者の「本人確認」ができるもの（運転免許証，写真付のマイナンバーカード，パスポート等） ②直系親族に当たる者からの請求の際，請求された戸籍に請求者の名前が載っていない場合（たとえば，婚姻によって親の戸籍から出て夫婦の新戸籍が作られた子が，親の戸籍の謄本等を請求する場合等）は，請求者が戸籍に記載されている「本人」の直系親族であることを確認できる資料（戸籍謄本等） ③代理人からの請求の場合は，請求権者が作成した委任状

(2)	自己の権利の行使又は義務の履行のために必要な者（たとえば，死亡した兄弟姉妹の相続人となった者が，兄弟姉妹の戸籍謄本を請求する場合等）	①窓口に来る者の「本人確認」ができるもの（運転免許証，写真付のマイナンバーカード，パスポート等） ②代理人からの請求の場合は，請求権者が作成した委任状
(3)	国又は地方公共団体の機関に提出する必要がある者	
(4)	その他戸籍に記載された事項を利用する正当な理由がある者（たとえば，成年後見人であった者が，死亡した成年被後見人の遺品を相続人の遺族に渡すため，成年被後見人の戸籍謄本を請求する場合等）	

2-2. 相続財産を把握する

以下の資料を収集して相続財産を把握する。

(1)　不動産

①登記簿謄本（全部事項証明書）

②登記済権利証

③納税通知書

(2)　金融資産

①通帳の写し（見開き頁）

②金融機関からのダイレクトメール

(3)　その他

①貸金庫に関する資料

②確定申告書の写し

③生命保険の権利証　　等

Ⅱ実践編～納得の相続を実現する遺言を作る

遺言書の信ぴょう性を高めて遺言執行を速やかにするために行うこと。

1. 「準備」する（資料の収集）

(1)　人に関する資料を収集する

①遺言者

　　イ）出生から現在に至る戸籍謄本

　　ロ）印鑑登録証明書

②推定相続人

　　イ）戸籍謄本

(2)　財産に関する資料を収集する

①金融資産

　　イ）通帳（写し）（銀行名・支店名・口座名が記載されている見開きの頁）

　　ロ）その他の金融取引に関する資料（「配当金計算書」「取引報告書」等）

②不動産

　　イ）登記簿謄本（履歴事項全部証明書）

　　ロ）公図

　　ハ）直近の固定資産税納税通知書

③その他

　　イ）ゴルフ会員権

　　ロ）自動車車検証（写し）

　　ハ）鑑定書（宝飾，絵画等）

　　ニ）貸金庫に関する資料

　　ホ）お墓に関する資料

　　ヘ）その他財産に関する資料

(3)　**遺言書の信ぴょう性を高める資料を収集する**

　　①自筆の文書（「日記」「自分あての手紙」等）

　　②健康診断書

2.　決める

(1)　**人と財産に関すること**

　　①遺産分割の方法（「だれ」に「なに」を（「どれだけ」）残す）

　　②相続分の指定（「だれ」に「どれだけ」残す）

　　③祭祀主宰者の指定

(2)　**遺言執行者**

　　遺言の実現は遺言執行者の手腕にかかっている。次の①〜③に該当する者の指定が考えられる。

　　①一番多く遺産を取得する遺贈者

　　②遺言作成を相談した法律専門職

　　③上記①②の両者（複数の遺言執行者を指定する場合は，「単独で執行できる」旨を明記すること）

(3)　**「逆縁」対策**

　　財産を残すとした者が，遺言者（自分）より早く死亡した場合，その者が承継すべき財産をだれに承継させるか記載する。ただし，考えればきりが無い。**主な財産に限定するなどある程度に止めておくのが賢明である。**

(4)　**「付言」の内容**

　　家族への感謝の気持ちや遺言の内容を決めた理由を端的に書く。ただし，恨み言は残さないほうが無難である。書かれた者が「逆切れ」して，遺言の無効を主張する危険がある。

　　なお，**付言には法的効力は無い。**書かなくても構わない。

3.「作成」する

　法で定められた方式で作成する（民967）。

4.「メンテナンス」する

　遺言書は作成して終わりではない。通常，遺言作成から死亡まで数年かかる。その間に「状況」や「気持ち」が変わることも十分あり得る。

　遺言は，「遺言者の死亡の時からその効力を生ずる」（民985①）ことを肝に銘じること。

(1)　保管方法

①　自筆証書遺言

　遺言書（原本）と収集した資料を併せて，信頼できる者（遺言執行者，受遺者等）に預ける。なお，遺言書の「写し」を取っておくこと。

　貸金庫に預けるといざというときに開扉できなくなることがあるので，注意すること。

②　公正証書遺言

　「正本」を収集した資料を併せて信頼できる者（遺言執行者，受遺者等）に預け，「謄本」を自分で保管する（「正本」と「謄本」で法的効力に違いはない）。

　自筆証書遺言と同様，貸金庫に預ける場合は注意を要する。

(2)　更新（見直し）

　年に一度は見直しをして，更新の必要性を検討する。また，次のようなことが起きた場合は，遺言書の内容が複雑になるので新たに作成し直す。

> ①遺言書に書いた財産を処分（売却，贈与等）した場合
> ②受遺者が死亡した場合

⑶ モデルチェンジ

　自筆証書遺言を作成した場合は，時機を見て公正証書遺言で新たに作成する。

Ⅲ遺言以外の「納得の相続」を実現する法的手段

1．任意後見契約

　本人に判断能力があるときに，将来，判断能力が不十分な状況になった場合に備えて，自己の生活，療養看護および財産管理に関する事務を委託し，代理権を付与する契約を任意後見契約という。任意後見契約は公正証書で締結しなければならない（任意後見契約に関する法律3）。

　本人の弁職能力が不十分になると，本人，配偶者，4親等内の親族または，任意後見受任者が，家庭裁判所に任意後見監督人の選任を請求し，家庭裁判所がこれを選任すると，任意後見契約の効力が発生し，受任者が任意後見人になる（同4①）。これが任意後見である。

2．死後事務委任契約

　自己の死後の事務について，生前に信頼できる第三者に委任する契約である。死後事務とは，通夜，告別式，仮葬，納骨，埋葬に関する事務，永代供養に関する事務，老人ホームの入居一時金等の受領事務などが挙げられる。

　死後事務委任契約は，任意後見契約，遺言と併せて，公正証書で作成される場合が多い。

3．尊厳死宣言

　尊厳死宣言とは，医療従事者や家族に，回復の見込みのない末期症状に至った場合に，現代医学と科学技術がもたらした過剰な延命医療を差し控え，死期を引き延ばさず，人間としての尊厳を保ちつつ死を迎えることを依頼するものである。これを公正証書にすることで，自己の意思が明確に

なり，医療従事者や家族が，その意思に従った措置をとりやすくなる。

【Column 3】専門家の失敗しない選び方の３つのポイント

　専門家（弁護士，行政書士，税理士等）が，すべて「遺言・相続手続の専門家」ではない。

　専門家選びのポイントは次の３点である。

①面談（最初の相談）で，「ロードマップ」（業務完了までの流れと期間）を提示するか

②面談で「見積」（算出の根拠の説明あり）の提示をするか

③相性が合うか

以上

実務直結資料11～「アクションリスト」（P168「Ⅴ-2-2」）

作成日：20××年4月3日

依頼者（担当者）：（株）ゼイケイテクノロジー（人事部：税務花子）

案　件：外国人の雇用（在留資格認定証明書交付申請）

日　時	区分	アクション
20××.4.1	引合い	・電話有り（社労士法人アレーズ　代表黒田先生のご紹介） ・ベトナム人技術者3名（ハノイ工科大学卒）に内定出し（在留資格：技・人・国） ・7月1日入社予定 ・4月5日（水）13：00　当事務所で打合せする ・打合せ前に内定者の「経歴書」をメールするように指示した
20××.4.4	準備	・内定者の「経歴書」を確認 ・打合せ資料作成（入社までのモデルスケジュール）
20××.4.5	打合せ （第1回）	・（株）ゼイケイテクノロジー（人事部：税務花子様） ・入社までの手続を説明 ・許可要件は満たしている見込み ・見積書提示→ＯＫ→当日請求書を郵送 ・提出書類の指示（申請人・会社） ・法務局に「履歴事項全部証明書」を郵送請求
20××.4.7	契約書	・委任契約を締結
20××.4.20	書類	・提出書類が到着（依頼者へ引き取りに伺う） 　→書類チェック（問題なし）
20××.4.21	書類	・申請書類作成→完了
20××.4.26	打合せ （第2回）	・（株）ゼイケイテクノロジー（人事部：税務花子様） ・申請書類の説明・内容確認・署名
20××.4.28	申請	・東京出入国在留管理局に申請取次 ・申請書類（写し）・申請受付票（写し）を依頼者に郵送

20××.5.31	入金	・入金確認→「領収書」郵送
20××.6.14	通知	・東京出入国在留管理局から「在留資格認定証明書」が到着
20××.6.15	納品	・(株)ゼイケイテクノロジー（人事部：税務花子様）へ在留資格認定証明書をお届け →「受領書」にサイン頂く 　　　　　　　　　　　　　　　以上業務完了

実務直結資料12〜「預り証」(P176「Ⅴ-3-7」)

預　り　証

_____様

_____に関する，下記書類をお預かりいたしました。

記

(1)

(2)

(3)

(4)

(5)

以上

年　　月　　日（　　）

〒102-0083　東京都千代田区麹町3-2-1

エキスパートビル321号

ＴＥＬ　03（1234）1122

竹之内行政書士事務所

行政書士　竹之内　　豊　　㊞

（登録番号：第010□□□□□号）

実務直結資料13〜「受領証」（P176「Ⅴ-3-7」）

受　領　証

行政書士　竹之内　豊殿

_____に関する，下記書類を受領いたしました。

記

(1)

(2)

(3)

(4)

(5)

以上

年　　月　　日（　）

お名前_____

■ Ⅷ-2 開業までに「そろえる・読む本」「見る・聞くDVD」

1 法 学

① 基 本 書

『法を学ぶ』（岩波新書，1986年）渡辺洋三

② 実 務 書

『条文の読み方（第2版）』（有斐閣，2021年）

『法律を読む技術・学ぶ技術（改訂第4版）』（ダイヤモンド社，2022年）吉田利宏

2 行政書士法（基本書）

『行政書士法コンメンタール（新13版）』（北樹出版，2023年）兼子仁

『詳解 行政書士法（第4次改訂版）』

（ぎょうせい，2016年）地方自治制度研究会

3 入管法・業法・補助金申請

(1) 入 管 法

① 基 本 書

『よくわかる入管法（第4版）』

（有斐閣，2017年）山田鐐一・黒木忠正・髙宅茂

② 実 務 書

『注解・判例 出入国管理実務六法』

（日本加除出版，毎年発刊）出入国管理法令研究会

『詳説 入管法と外国人労務管理・監査の実務（第3版）』

（新日本法規出版，20224年）山脇康嗣

(2) 建設業法（実務書）

『行政書士のための建設業実務家養成講座（第3版）』

（税務経理協会，2023年）菊池浩一

(3)　**廃棄物処理法（実務書）**

　　　『行政書士のための産廃業実務家養成講座』（税務経理協会，2022年）北條健

(4)　**補助金申請（実務書）**

　　　『行政書士のための補助金申請実務家養成講座』

　　　　（税務経理協会，2024年刊行予定）山田まゆみ

4　民法（家族法）

(1)　**遺言・相続**

　①　基　本　書

　　　『家族法　第5版』（新世社，2018年）二宮周平

　　　『民法Ⅳ　親族・相続』（東京大学出版会，2004年）内田貴

　　　『新基本法コンメンタール相続（第2版）』

　　　　（日本評論会，2023年）松川正毅・窪田充見　編

　　　『概説　改正相続法（第2版）』（きんざい，2021年）堂薗幹一郎・神吉康二

　②　実　務　書

　　　『質問に答えるだけで完成する［穴埋め式］遺言書かんたん作成術』

　　　　（日本実業出版社，2024年刊行予定）竹内豊

　　　『新訂3版　行政書士のための遺言・相続実務家養成講座』

　　　　（税務経理協会，2022年）竹内豊

　　　『行政書士のための銀行の相続手続実務家養成講座』

　　　　（税務経理協会，2022年）竹内豊

　　　『親に気持ちよく遺言書を準備してもらう本』

　　　　（日本実業出版社，2012年）竹内豊

　　　『新版　証書の作成と文例〜遺言編（3訂版）』

　　　　（立花書房，2021年）日本公証人連合会

　③　小　　　説

　　　『火車』（新潮文庫，1998年）宮部みゆき

　　　『かばん屋の相続』（文春文庫，2011年）池井戸潤

　　　『女系家族』（新潮文庫，2002年）山崎豊子

(2)　**戸籍法（実務書）**

　　　『戸籍実務六法』（日本加除出版，毎年発刊）日本加除出版法令編纂室

　　　『全訂第3版補訂　相続における戸籍の見方と登記手続』

　　　　（日本加除出版，2022年）髙妻新・荒木文明・後藤浩平

(3)　**後見制度（実務書）**

　　　『新・成年後見における死後の事務』（日本加除出版，2019年）松川正毅

(4)　**判　　　例**

　　　『別冊ジュリスト　民法判例百選Ⅲ　親族・相続（第3版)』

　　　　（有斐閣，2023年）大村敦志，沖野眞己

　　　『新基本法コンメンタール相続　第2版』

　　　　（日本評論社，2023年）松川正毅・窪田充見

5　文　章　術

　　　『「箇条書き」を使ってまとまった量でもラクラク書ける文章術』

　　　　（大和書房，2010年）橋本淳司

　　　『シンプルに書く』（飛鳥新社，2012年）阿部紘久

　　　『文章力の基本』（日本実業出版社，2009年）阿部紘久

6　経　　　営

(1)　**マーケティング**

　　　『行政書士合格者のためのウェブマーケティング実践講座』

　　　　（税務経理協会，2024年）遠田誠貴

(2) **競 争 戦 略**

『ストーリーとしての競争戦略』（東洋経済新報社，2010年）楠木建

『経営センスの論理』（新潮新書，2013年）楠木建

『「好き嫌い」と経営』（東洋経済新報社，2014年）楠木建

『決定版　失敗学の法則』（文春文庫，2005年）畑村洋太郎

(3) **経 営 論**

『行政書士のための「高い受任率」と「満足行く報酬」を実現する心得と技』（税務経理協会，2020年）竹内豊

『一勝九敗』（新潮文庫，2006年）柳井正

『ロックで独立する方法』（新潮文庫，2019年）忌野清志郎

7 仕 事 術

『佐藤可士和の打ち合わせ』（日経ビジネス人文庫，2019年）佐藤可士和

『佐藤可士和の超整理術』（日経ビジネス人文庫，2011年）佐藤可士和

『限りある時間の使い方』（かんき出版，2022年）オリバー・バークマン

8 実務直結CD・DVD（講師：行政書士　竹内豊）

　筆者が行政書士・弁護士・司法書士・税理士等の専門家に収録した実務CD・DVDを紹介する。特長は「オリジナルテキスト」が付いていること及び文字では伝えきれない・伝えにくい“現場の肝”が公開されていること。「効率よく実務を習得したい」という方にお勧め。

　詳しくは税理士法人レガシィホームページを参照のこと　☞

Ⅷ-3　開業準備に役立つホームページ

　開業準備に役立つホームページを紹介する。なお，官公署の情報を除いて，安易に記載内容を鵜呑みにしないこと。情報の裏取りは信頼ある書籍や条文等で必ず行うこと。

名　称	URL	お役立ち情報
行政書士合格者のためのマンツーマン実務家養成講座	http://t-yutaka.com/	・筆者が主宰する行政書士実務家養成講座 ・「実務直結シリーズ」の著者陣が，行政書士開業に必須の心得・知識と技をマンツーマン（1対1）で個別指導する。 ・受講者は，「無料フォローアップ講座」で継続支援を受けられる。
竹内豊 「家族法で人生を乗り切る」	「ヤフーニュースエキスパート・竹内豊」で検索	筆者が「Yahoo！　ニュースエキスパート」のオーサー（執筆者）として，家族法をテーマに定期的に記事をアップしている。 ・家族法の最新情報・実務脳のの習得に役立つ
日本公証人連合会	https://www.koshonin.gr.jp/	・遺言 ・任意後見契約 ・公正証書作成のため準備する資料 ・手数料
法務省	https://www.moj.go.jp/	・改正相続法 ・戸籍 ・公証制度について ・公証事務 ・法定相続情報証明制度 ・帰化申請
裁判所	https://www.courts.go.jp/	・遺産分割Q&A ・遺言の検認 ・特別代理人選任 ・後見Q&A
国税庁	https://www.nta.go.jp/	・相続税
外務省	https://www.mofa.go.jp/	・在外公館における証明
出入国在留管理庁	https://www.moj.go.jp/	・外国人関連業務
日本行政書士会連合会	https://www.gyosei.or.jp/	・綱紀事案の公表 ・報酬額統計 ・会員検索

Ⅷ-4　「行政書士」の英語訳

「行政書士」は，法務省の日本法令外国語データベースシステム
（http://www.japaneselawtranslation.go.jp/）で次のように英訳されている。
名刺等に英字で記す場合の参考にされたい。

Certified Administrative Procedures Legal Specialist

参考文献：『日本行政』（2013年7月号・No 488）

索　引

著者紹介

竹内　豊（たけうち　ゆたか）
1965年　東京に生まれる
1989年　中央大学法学部卒
同　年　西武百貨店入社
1998年　行政書士試験合格
2001年　行政書士登録
2017年　ヤフーから「Yahoo! ニュース個人」のオーサー（書き手）に認定される。
　　　　テーマ：「家族法で人生を乗り切る。」
2019年　講談社から「現代ビジネス」のオーサーに認定される。テーマは家族法。
現　在　竹内行政書士事務所　代表
　　　　行政書士合格者のためのマンツーマン実務家養成講座　主宰
　　　　http://t-yutaka.com/

【著書】
『新訂第3版 行政書士のための遺言・相続実務家養成講座』2022年，税務経理協会
『行政書士のための「高い受任率」と「満足行く報酬」を実現する心得と技』2020年，税務経理協会
『行政書士のための銀行の相続手続実務家養成講座』2022年，税務経理協会
『親が亡くなる前に知るべき相続の知識，相続・相続税の傾向と対策〜遺言のすすめ』（共著）2013年，税務経理協会
『質問に答えるだけで完成する［穴埋め式］遺言書かんたん作成術』2024年（予定），日本実業出版社
『親に気持ちよく遺言書を準備してもらう本』2012年，日本実業出版社

【監修】
『行政書士合格者のためのウェブマーケティング実践講座』2024年，税務経理協会
『行政書士のための「建設業」実務家養成講座（第3版）』2023年，税務経理協会
『行政書士合格者のための「産廃業」実務家養成講座』2022年，税務経理協会
『99日で受かる！　行政書士試験最短合格術（増補改訂版)』2022年，税務経理協会
『行政書士のための「新しい家族法務」実務家養成講座』2018年，税務経理協会

【CD・DVD】
『行政書士のための遺言・相続実務家養成講座』2018年
『落とし穴に要注意！　遺言の実務Q&A 72』2017年
『わけあり相続手続　現物資料でよくわかるスムーズに進めるコツ大全集』2017年
『相続手続は面談が最重要　受任率・業務効率をアップする技』2016年
『銀行の相続手続が「あっ」という間に終わるプロの技』2016年
『遺言書の現物17選　実務"直結"の5分類』2015年

『現物資料61見本付！　銀行の相続手続の実務を疑似体験』2015年
『遺産分割協議書の作成実務　状況別詳細解説と落とし穴』2015年
『銀行の相続手続　実務手続の再現と必要書類』2015年
『作成から執行まで　遺言の実務』2014年
『そうか！遺言書にはこんな力が　転ばぬ先の遺言書　書く方も勧める方も安心の実行術』2013年
『自筆証書遺言３つの弱点・落とし穴　そこで私はこう補います』2013年
『夫や親に気持ちよく遺言書を書いてもらう方法』2012年

以上お申し込み・お問合せ
株式会社レガシィ
📞0120-00-8377

【取材】
ABCラジオ『おはようパーソナリティ道上洋三です』～『遺言書保管法のいろは』2020年7月22日
『女性自身』～「特集　妻の相続攻略ナビ」2019年3月26日号
文化放送『斎藤一美ニュースワイドSAKIDORI』～「相続法，どう変わったの？」2019年1月14日放送
『週刊朝日』～「すべての疑問に答えます！　相続税対策Q&A」2015年1月9日号
『はじめての遺言・相続・お墓』2016年3月，週刊朝日MOOK
『週刊朝日』～「すべての疑問に答えます！　相続税対策Q&A」2015年1月9日号
『ズバリ損しない相続』2014年3月，週刊朝日MOOK
『朝日新聞』～「冬休み相続の話しでも」2013年12月18日朝刊
『週刊朝日』～「不動産お得な相続10問10答」2013年10月8日号
『週刊朝日臨時増刊号・50歳からのお金と暮らし』2013年7月
『週刊朝日』～「妻のマル秘相続術」2013年3月8日号
『週刊朝日』～「相続を勝ち抜くケース別Q&A 25」2013年1月25日号
『週刊朝日』～「2013年版 “争族” を防ぐ相続10のポイント」2013年1月18日号
『婦人公論』～「親にすんなりと遺言書を書いてもらうには」2012年11月22日号
『週刊SPA!』～「相続＆贈与の徹底活用術」2012年9月4日号　他

【講演】
東京都行政書士会，朝日新聞出版，日本生命，ニッセイ・ライフプラザ，税理士法人レガシィ　他

［メディア］
Yahoo!ニュース個人　オーサー（テーマ「家族法で人生を乗り切る。」）

 ヤフー　竹内豊 検索◀

行政書士合格者のための
開業準備実践講座〔第4版〕

2016年5月10日　初版第1刷発行
2017年1月10日　初版第2刷発行
2017年3月30日　初版第3刷発行
2018年3月30日　第2版発行
2020年9月20日　第3版発行
2024年2月10日　第4版発行

著　者　竹内豊
発行者　大坪克行
発行所　株式会社税務経理協会
　　　　〒161-0033東京都新宿区下落合1丁目1番3号
　　　　http://www.zeikei.co.jp
　　　　03-6304-0505
印　刷　美研プリンティング株式会社
製　本　牧製本印刷株式会社
デザイン　株式会社グラフィックウェイヴ（カバー）
編　集　小林規明

本書についての
ご意見・ご感想はコチラ

http://www.zeikei.co.jp/contact/

JCOPY ＜出版者著作権管理機構 委託出版物＞
ISBN 978-4-419-06972-8　C3034